Eliton Fernando Felczak

A vida humana transformada em mercadoria

Eliton Fernando Felczak

A vida humana transformada em mercadoria

Uma síntese da obra de Zygmunt Bauman

CREDO EDICIONES

Imprint

Cover image: www.ingimage.com

Publisher:
CREDO EDICIONES
ist ein Imprint der / is a trademark of
International Book Market Service Ltd., member of OmniScriptum Publishing Group
17 Meldrum Street, Beau Bassin 71504, Mauritius
Printed at: see last page
ISBN: 978-613-4-18549-3

Dedico este trabalho a Deus, em primeiro lugar, e aos meus pais: Ernesto (*in memorian*) e Marilene; que me deram todo carinho e atenção. Em especial a minha mãe que muito me incentivou nesses três anos na caminhada intelectual e seminarística.

Agradeço...
Primeiramente a Deus por mais esta conquista.
À Santíssima Trindade que me gerou e a
Nossa Senhora que me adotou como filho.
À minha família e aos benfeitores que
propiciaram as condições econômicas e
afetivas para que eu realizasse meus objetivos.
Ao Seminário Filosófico de Santa Catarina – SEFISC que me acolheu por três
anos de minha vida e pelos amigos que encontrei.
Aos formadores Pe. Ronchi, Pe. Wanderlei e Pe. Tiago
pelas lições de vida e os incentivos transmitidos.
Aos professores Dr. Vitor Galdino Feller e Dr. José Francisco dos Santos
pela disposição em avaliar esse trabalho na banca.
A todos os professores do Curso de Filosofia da
Faculdade São Luiz de Brusque.
Ao professor Marcio Huber em gratidão, pelo envolvimento, ajuda,
paciência e perseverança em mim depositados.
Enfim, pelo dom da VIDA!

O objetivo crucial, talvez decisivo, do consumo na sociedade de consumidores (mesmo que raras vezes declarado com tantas palavras e ainda com menos frequência debatido em público) não é a satisfação de necessidades e vontades, mas a comodificação ou recomodificação do consumidor: "elevar a condição dos consumidores à de mercadorias vendáveis".

Zygmunt Bauman (1925-)

RESUMO

O estudo refere-se à descrição das vidas humanas transformadas em objetos de consumo segundo Zygmunt Bauman. Segundo o autor, a mercadorização do indivíduo ocorre de forma sutil, sendo que o mesmo nem percebe a teia de relações em que se encontra. O ser humano vive na luta pela sobrevivência sem dar-se conta do que realmente acontece à sua volta. Esta pesquisa de cunho teórico desenvolveu-se através da leitura das obras do autor, sendo a metodologia explorativa-bibliográfica. O trabalho, num primeiro momento, aborda a caracterização do contexto atual denominado "modernidade líquida". Na segunda etapa da pesquisa apresenta-se a concepção de homem na qual a vida humana é fragilizada pela liquidez das estruturas que davam segurança. Por fim, no último capítulo, a descrição do conceito de consumo em Bauman que vai além da ideia comercial de compra e venda de mercadorias. O autor polonês defende que, na modernidade líquida, a vida humana é transformada em objeto de consumo. Foram utilizadas as obras do autor traduzidas ao Brasil pela Editora Zahar pertinentes ao tema da pesquisa, assim como artigos e entrevistas concedidos por ele, além de alguns escritos de autores contemporâneos que discutem seus conceitos e temáticas. A pesquisa tem sua relevância na academia, pois o homem sempre foi considerado sujeito pela sociedade e agente de transformação e não simplesmente um objeto que pode ser descartado quando perde sua utilidade. Com a presente pesquisa traz-se a questão ética ao primeiro plano nos debates acerca do consumo e do lixo humano, sendo que os debates acerca da problemática não se fecham nessa pesquisa.

Palavras-chave: Bauman, Modernidade Líquida, Vida Humana, Consumo.

SUMÁRIO

INTRODUÇÃO

O filósofo e sociólogo polonês Zygmunt Bauman, atualmente com 86 anos, é um dos pensadores em seu âmbito de atuação, que alimenta reflexões sobre a realidade consumista na qual o ser humano está inserido. Sua pesquisa não se limita a uma só área da academia, abrange a sociologia, a filosofia e a ciência política. Dentre as escolas filosóficas, sua produção bibliográfica oscila entre o pós-estruturalismo, devido à valorização das estruturas na formação do homem contemporâneo e o neomarxismo, devido à reaplicação das teses de Marx na relação entre os indivíduos como objetos de consumo.

Seu pensamento não se atém somente à filosofia e analisa as complexas relações nas quais o homem está inserido, servindo-se das ciências humanas. Segundo Bauman, o consumo é uma teia de relações bem construída onde não restam muitas alternativas na luta pela sobrevivência. A vida dos seres humanos é consumida sendo empurradas às adaptabilidades dos novos cenários.

Para Bauman, a filosofia deve ser contextualizada na realidade, objetivando o melhoramento da vida humana perante as novas indagações. O autor não é contra o conhecimento teorético, pois sem esse fundamento não há como construir algo sólido. O mesmo indaga em suas obras se o ser humano quer realmente se libertar das estruturas vigentes, ou prefere viver em um grande sonho fantasiado pelo consumo. Para conseguir esse salto, a filosofia exerce papel central como ferramenta que analisa a realidade na sua totalidade com criticidade e radicalidade.

Desde a infância até a velhice, os indivíduos cumprem papéis perante os outros membros da comunidade em que vivem. O ser humano, ancorado no discurso consumista, vive a sua vida sem se questionar sobre o que realmente acontece à sua volta. Vivem suas vidas como espectadores e não como protagonistas. Dentro de um ambiente incerto como o atual, o consumo de ideias aparece como resposta à satisfação das ansiedades dos indivíduos. Isso é fundamental para compreender Bauman, quando aponta a transformação da vida humana em objeto de consumo na contemporaneidade.

A comodificação ou recomodificação das vidas humanas foi um longo processo que se iniciou na sociedade moderna e torna-se visível no cenário da sociedade contemporânea. Bauman a define como "modernidade líquida" devido às mudanças rápidas que ocorrem sem ter um embasamento firme ou algo que dê forma. A ideia é adaptar-se às situações como a água faz de acordo com o recipiente em que é inserida.

Salienta-se que o trabalho foi escrito buscando referenciar todas as obras publicadas pelo autor no Brasil pela Jorge Zahar que tenham textos pertinentes ao tema. Ao todo são em número de vinte e sete, excetuando-se a obra *Aprendendo a Pensar com a Sociologia* (2010). Esta foi uma reedição do livro publicado em 1990 junto com Tim May. É uma obra da primeira fase do autor fundamentando-se num marxismo militante e em uma sociologia que permitisse transformar a realidade. Usaram-se também as obras *A Liberdade* (1989) e *A Vida Fragmentada: Ensaios sobre a Moral Pós-Moderna* (1995) publicadas em Portugal, sendo que não possuem edição brasileira. Uma obra introdutória utilizada, mas em edição espanhola, na exploração do capitalismo usando-se do mecanismo de consumo foi, *Trabajo, consumismo y nuevos pobres* (2000).

A pesquisa bibliográfica teve por finalidade encontrar respostas para o objeto investigado: o homem transformado em objeto de consumo segundo Zygmunt Bauman. Este estudo foi estruturado em três capítulos conforme os objetivos específicos. Salienta-se que os títulos auferidos são as palavras-chave da pesquisa excetuando o nome do autor que teve seus dados bibliográficos pertinentes ao assunto na introdução dos mesmos.

O primeiro objetivo específico consistiu em caracterizar o contexto atual denominado "modernidade líquida". Este capítulo tem um caráter mais abrangente envolvendo a contemporaneidade, que Bauman caracteriza como modernidade líquida em contraposição à modernidade sólida. A modernidade atual não visa quebrar os paradigmas e inverter as tradições, mas sim evitar que os padrões de conduta e hábitos cotidianos tornem-se rotinas e exemplos. Essa racionalidade prioriza o agora e como as coisas se encaixam no contexto vivido. A infinitude é o tempo presente protelado, esticado ao máximo. Para a elaboração do conteúdo foram utilizadas três obras base: *Globalização: as Consequências Humanas* (1999), *Em busca da Política* (2000) e *Modernidade Líquida* (2001). Nesta trilogia Bauman desponta na academia com o conceito de liquidez. Outros livros que se aproximam da temática da modernidade para o autor são *O Mal Estar da Pós-Modernidade* (1998) e *Modernidade e Ambivalência* (1999).

O segundo objetivo específico consistiu em apresentar o valor do homem na visão do pensador. Neste capítulo a ênfase está centrada na discussão da vida humana inserida na modernidade líquida. O capítulo anterior é o pano de fundo sobre toda a problemática. A antropologia de Bauman ancora-se na estrutura que o homem vive e desempenha suas funções como sujeito social. O processo de construção de identidade é algo infindável, pois seus experimentos nunca terminam. Quando o indivíduo assume uma identidade existem outras esperando sua vez. É evidente que o descarte é inevitável nesse processo. A vida humana passa a ser um quebra-cabeça a ser montado a cada momento, sendo que sempre faltarão peças para a sua completude. No escrito dessa temática foram de vital importância as obras: *Identidade* (2005), *Vida Líquida* (2007), *Medo Líquido* (2008) e *A Arte da Vida* (2009). As obras que também dão enfoque sobre a vida humana e suas nuances são *Ética Pós-Moderna* (2003) e *Amor Líquido* (2004).

Tendo conhecimento da modernidade líquida e de como o homem se encaixa nesse contexto, o terceiro objetivo específico visa descrever o conceito de consumo em Bauman. O capítulo final desta pesquisa aborda o consumo atrelado à vida humana. O consumo comodifica as pessoas em mercadoria nesse cenário devido às relações frágeis que o ser humano vive e a instabilidade de sua identidade. A novidade está na coisificação do homem e no modo como esse processo ocorre. Essa é a denúncia de Bauman na academia quando aponta a transformação do homem em mercadoria no âmbito da modernidade líquida. A doutrina é impetrada desde a educação escolar e nos meios de comunicação, amarrando o homem dentro de uma estrutura consumista. As seguintes obras-base corroboraram na defesa desse argumento: *Vidas Desperdiçadas* (2005), *Vida para Consumo: a transformação das pessoas em mercadoria* (2008) e *Vida a Crédito* (2010). Também auxiliaram na argumentação *A Sociedade Individualizada* (2008) e o *Capitalismo Parasitário* (2010).

O presente trabalho justifica-se inicialmente pela valoração da vida humana ante a toda estrutura e qualquer regulamento vigente. A estrutura existe para auxiliar o homem e não o contrário, como apregoa a modernidade líquida. Nesse ambiente o homem é tratado como uma engrenagem da máquina chamada consumo. Ele deve alimentar o sistema com a sua vida sem perceber que também é um objeto de desejo a ser exposto no mercado de compra e venda.

A pesquisa tem sua relevância na academia, pois o homem sempre foi considerado sujeito pela sociedade e agente de transformação. Isso ficou mais evidente no discurso iluminista visando uma nova maneira de viver ancorada na razão humana. A transformação do ser humano em objeto de consumo significa o fim da humanidade e da autonomia do sujeito cognoscente que tantos filósofos defenderam na história do pensamento ocidental. Humanidade entendida como povo esclarecido e livre de agir de acordo com sua razão.

A mercadorização do ser humano, ou seja, a comodificação ou recomodificação quando atualizado para manter-se ativo no mercado acontece de forma sutil, a ponto de o homem nem perceber o quanto é moldado à racionalização da modernidade líquida. De acordo com essas prerrogativas, o homem na sociedade de consumo passa a ser uma mercadoria perdendo a sua identidade como alguém autônomo sendo senhor de si. Como ocorre essa transformação eis o que apresento na presente pesquisa.

1 MODERNIDADE LÍQUIDA

O homem vive em um novo período da história, sendo que são diversos os termos e conceitos utilizados para descrever esse contexto. A palavra mais evidente é a modernidade.[1] Este é um termo que soa redundante por incluir toda a realidade que circunda. Zygmunt Bauman[2] nomeia a modernidade com o conceito de líquida. É uma estrutura flexível sendo adaptável em qualquer circunstância. A impermanência e a constante mudança de forma nunca têm um término.

---

[1] Dentre vários termos para explicitar a realidade presente, a modernidade é análoga em quase todos os autores. As denominações "sociedade pós-industrial" (Daniel Bell); "sociedade de risco" (Ulrich Beck); "modernidade tardia" (Anthony Giddens); "sociedade programada" e "modernidade pós-industrial" (Alain Touraine); "sobremodernidade" (Marc Augé); "capitalismo desorganizado" (Claus Offe, Scott Lasch e John Urry); "sociedade em rede" e "era da informação" (Manuel Castells); "lógica cultural do capitalismo" (Frederich Jameson); "alta modernidade", "segunda modernidade", "capitalismo tardio", "supermodernidade" e "hipermodernidade" (Jean Baudrillard); "pós-modernidade" (Boaventura Sousa Santos, Terry Eagleton); "espaço liso" (Giles Deleuze, Felix Gatarri); "ciberespaço" (Pierre Levy) ou "fim da história" (Francis Fukuyama) remetem para distintos universos de referência, debates diferenciados e abordagens epistemológicas descoincidentes. [Cf. CORTÊS, M. **Modernidade, assimilação e ambivalência no Brasil**: a construção social da ambivalência na sociedade brasileira contemporânea. Palestra proferida no IX Congresso Internacional da Brazilian Studies Association (BRASA), Tulane University em New Orleans, EUA, 27-29 mar. 2008, p. 8-12. Disponível em: <http://sitemason.vanderbilt.edu/files/fjj7wc/Cortes%20Mariana.doc.>. Acesso em: 20 jan. 2012.]

[2] Zygmunt Bauman nasceu no dia 19 de novembro de 1925, em Poznán. Ele principiou sua trajetória acadêmica na Universidade de Varsóvia, mas logo foi obrigado a deixar a academia, em 1968, ao mesmo tempo em que sua obra era proibida neste país. Sem muitas perspectivas, o sociólogo abandonou sua pátria e partiu para a Inglaterra, depois de passar pelo Canadá, Estados Unidos e Austrália. No início da década de 70 ele assumiu o cargo de professor titular da Universidade de Leeds, permanecendo neste posto por pelo menos vinte anos. Aí ele teve contato com o intelectual que inspiraria profundamente seu pensamento, o filósofo islandês Ji Caze. [...] No Brasil é possível encontrar pelo menos vinte e sete de seus livros traduzidos para o português, todos pela Jorge Zahar Editor. Entre eles os principais são *Amor Líquido, Globalização: as Consequências Humanas e Vidas Desperdiçadas*. Em 1989 ele conquistou o prêmio Amalfi, por sua publicação *Modernidade e Holocausto*; em 1998, obteve a premiação Adorno, pela totalidade de sua obra. Nos últimos anos como professor lecionou nas universidades de Leeds (Inglaterra) e de Varsóvia (Polônia). Atualmente existe um departamento dentro da área de ciências humanas na Universidade de Leeds que leva o nome do autor para o estudo de suas obras e linhas de pesquisa subjacentes a elas. [Cf. SANTANA, A. L. Zygmunt Bauman. **InfoEscola**: biografias, São Paulo, 25 jul. 2009. Disponível em: <http://www.infoescola.com /biografias/zygmunt-bauman/>. Acesso em: 25 jan. 2012.]

> O conceito de sociedade líquida caracteriza-se pela incapacidade de manter a forma. Nossas instituições, quadros de referência, estilos de vida, crenças e convicções mudam antes que tenham tempo de se solidificar em costumes, hábitos e verdades "auto-evidentes". Sem dúvida a vida moderna foi desde o início "desenraizadora", "derretia os sólidos e profanava os sagrados", como os jovens Marx e Engels notaram. [...] A nossa é uma era, portanto, que se caracteriza não tanto por quebrar as rotinas e subverter as tradições, mas por evitar que padrões de conduta se congelem em rotinas e tradições.[3]

Bauman, alguns o chamam de sociólogo ou filósofo,[4] conceitua a modernidade como líquida devido a sua fluidez e mobilidade conforme os recipientes que são apresentados para serem preenchidos. Isso não ocorre com os sólidos, pois os mesmos têm forma definida e não se flexibilizam com as pressões que são impostas. Marshall Berman escreveu até uma obra sobre a frase "tudo o que era sólido se desmancha no ar", utilizando de uma frase afirmativa de Marx. Usufruindo-se dela Bauman argumenta que a tradição compõe "[...] o sedimento ou resíduo do passado no presente".[5]

Para se chegar ao modelo líquido de modernidade era necessário derreter os sólidos "[...] e os primeiros sagrados a profanar eram as lealdades tradicionais, os direitos costumeiros e as obrigações que atavam pés e mãos, impediam os movimentos e restringiam as iniciativas".[6] Para modelar uma nova ordem era preciso demolir o que era velho e antiquado.

> Derreter os sólidos significava, antes e acima de tudo, eliminar as obrigações "irrelevantes" que impediam a via do cálculo racional dos efeitos; como dizia Max Weber, libertar a empresa de negócios dos grilhões e deveres para com a família e o lar e da densa trama das obrigações éticas; [...] dentre os vários laços subjacentes as

---

[3] PALLARES-BURKE, M. L. G. Entrevista com Zygmunt Bauman. **Revista tempo social - USP**, São Paulo, v. 16, n. 1, p. 304-305, jun. 2004. Disponível em: <http://www.scielo.br/scielo.php?pid=S 0103-20702004000100015&script=sci_arttext#cit0>. Acesso em: 11 fev. 2012. [grifo do autor] [sic]

[4] Essa é uma questão de perspectiva, pois combinar os papéis de **sociólogo** e de **filósofo** (ou ser enquadrado ora em um ora no outro, ou nos dois ao mesmo tempo) pode parecer esquisito agora e no mundo anglo-saxão (ou nas partes do mundo nas quais o desenvolvimento das ciências sociais seguiu um padrão americano após a Guerra). Mas nem sempre, nem em todos os lugares, foi assim. Certamente não era assim na Polônia, onde, como em grande parte da Europa, a sociologia foi concebida, gestada e incubada dentro do pensamento filosófico — como parte, ou ramo, da filosofia. Fui educado e treinado no Departamento de Filosofia e Sociologia, e não me recordo de nenhum conflito entre as duas partes do mundo acadêmico: ambas pareciam assumir que eram naturalmente parte de um todo, talvez se vissem mesmo como gêmeos siameses, ou até gêmeos **holocéfalos**! [PALLARES-BURKE, 2004, p. 304-305.] [grifo do autor]

[5] BAUMAN, Z. **Modernidade líquida.** Trad. Plínio Dentzien. Rio de Janeiro: Jorge Zahar, 2001, p. 9.

[6] BAUMAN, 2001, p. 10.

> responsabilidades humanas mútuas, deixar somente o "nexo dinheiro".[7]

Foi criada uma nova ordem em princípio mais "sólida" que a anterior. Esta baseava-se nos termos econômicos e nada poderia afetar a não ser a economia, que não deixa de ser uma ciência racional e controlável pelo homem. O livre mercado é confiado à mágica dos preços que se autodeterminam sem intervenção de ninguém. A autorregulação do mercado a partir de uma aparência caótica das competitividades que se harmonizam onde todos se relacionam implicando numa ordem é a teoria dos economistas que vem desde o liberalismo de Adam Smith na Inglaterra a partir do século XVIII.[8] As leis da economia foram transpostas para a vida cotidiana. "As instituições, as capacitações e os padrões de consumo mudaram. O meu ponto de vista é que essas mudanças não libertaram as pessoas".[9] A racionalidade tomou conta das relações e o homem foi preso em uma nova gaiola que a própria mente humana criou.[10]

1.1 Uma palavra chamada liberdade

Este é um termo muito falado e apreciado nos dias de hoje, sendo que a modernidade fluida faz da liberdade o troféu para o homem contemporâneo. Bauman argumenta que as pessoas

> [...] podem ser juízes incompetentes de sua própria situação, e devem ser forçadas ou seduzidas, mas em todo o caso guiadas, para experimentar a necessidade de ser "objetivamente" livres e para reunir a coragem e a determinação para lutar por isso. Ameaça mais sombria atormentava o coração dos filósofos: que as pessoas pudessem simplesmente não querer ser livres e rejeitassem a perspectiva da libertação pelas dificuldades que o exercício da liberdade pode acarretar.[11]

A liberdade tem os seus direitos e deveres. É uma moeda com duas faces que exige do homem compromisso.[12] Isso é raro numa sociedade líquida na qual

---

[7] BAUMAN, 2001, p. 10. [grifo do autor]

[8] Cf. ASSMANN, H. **Metáforas novas para reencantar a educação.** 2. ed. Piracicaba: Editora UNIMEP, 1998, p. 67-69.

[9] SENNETT, R. **A cultura do novo capitalismo.** Trad. Clóvis Marques. 2. ed. Rio de Janeiro: Record, 2008, p. 12.

[10] Cf. WEBER, 2001 apud SENNETT, 2008, p. 29.

[11] BAUMAN, 2001, p. 25. [grifo do autor]

[12] Cf. SENNETT, op. cit., p. 20.

tudo é fugaz e eterno enquanto existir o prazer. "Estamos hoje engajados na 'política-vida', somos 'seres reflexivos' que olhamos de perto cada movimento que fazemos, que estamos raramente satisfeitos com seus resultados e sempre prontos a corrigi-los".[13] Essas reflexões, se é que são questionamentos, não vão longe o necessário para compreender os complexos mecanismos que conectam os movimentos com os resultados e o que determinam juntamente com as condições necessárias.

> O futuro difere do passado precisamente porque deixa um amplo espaço para a escolha e a acção dos homens. Sem escolha não há futuro – mesmo que a escolha consista em simplesmente na abstenção de escolha e em escolher ir ao sabor da corrente. Também sem acção não existe futuro – mesmo que a acção se limite a padrões habituais e não admita a possibilidade de ser diferente do que é. É por essa razão que o futuro é sempre um ainda não, incerto e ilimitado.[14]

O homem atual está cada vez mais propenso à crítica que os seus ancestrais em outros períodos da história. O problema é que essa crítica é superficial e não afeta as escolhas da política-vida[15] anteriormente mencionada por Anthony Giddens. A liberdade sem precedentes colocada pela modernidade líquida aos seus membros também acarretou uma impotência nunca imaginada em outros tempos, ou seja, o medo e a angústia.[16]

"O que emerge no lugar das normas sociais evanescentes é o ego nu, atemorizado e agressivo à procura de amor e de ajuda. Na procura de si mesmo e de uma sociabilidade afetuosa, ele facilmente se perde na selva do eu".[17] Isto significa que o ser humano está caindo em um abismo e a única coisa que pode fazer para sair dessa enrascada é tentar puxar os cabelos com as suas próprias mãos. Lipovetsky chama a atenção para essa realidade do individualismo-narcisista como manifestação de um traço perverso de cultura pós-moderna, fruto em parte do chamado neoliberalismo capitalista.

---

[13] GIDDENS, [s.d.] apud BAUMAN, 2001, p. 31.

[14] BAUMAN, Z. **A liberdade.** Trad. M. F. Gonçalves de Azevedo. Lisboa: Editorial Estampa, 1989, p. 144. [sic]

[15] Bauman usa o termo política-vida como mecanismo pelo qual os indivíduos na sociedade líquido-moderna administram suas vidas. As pessoas aprendem que no decorrer de sua vida só podem contar consigo mesmas, com sua própria vontade e determinação. [Cf. PALLARES-BURKE, 2004, p. 308-309.]

[16] Cf. Ibid., p. 323.

[17] BECK, 1995 apud BAUMAN, 2001, p. 47.

> A figura última do individualismo não reside numa independência soberana associal, mas nas ligações e conexões com coletivos de interesses miniaturizados, hiperespecializados: grupos de viúvos, de pais de filhos homossexuais, de alcoólicos, de gagos, de mães lésbicas, de bulímicos. Narciso deve ser re-situado na ordem dos circuitos e das redes integradas. [...] O narcisismo não se caracteriza apenas pela auto-absorção hedonista mas também pela necessidade de grupos de seres "idênticos", que tornem o indivíduo útil e [...] contribuam para a resolução dos seus problemas íntimos através do "contacto" , do "vivido" [...].[18]

A liberdade adquirida surgiu com o advento do derretimento dos sólidos tirando o homem da terra firme e levando o homem ao oceano das incertezas.[19] A passagem para o estágio final da modernidade não produziu maior liberdade individual. "Não no sentido de maior influência na composição da agenda de opções ou de maior capacidade de negociar o código de escolha. Apenas transformou o indivíduo de cidadão político em consumidor de mercado".[20]

A liberdade ganha nos tempos atuais é ilusória. Essa ilusão é protegida de ser desvelada devido a um contexto em que os processos de agendamento e descodificação são mais ou menos invisíveis. Também os resultados desse processo apresentam ao homem uma oferta que não se pode recusar ao invés de uma ordem dada. A obediência ao código é disfarçada como conduta tendenciada, mas não há nada que seja eterno. Novas opções podem surgir.[21]

1.2 A ordem e a desordem

Bauman afirma que, há cerca de cinquenta anos, as previsões populares sobre o futuro travavam-se pelo confronto da visão de Aldous Huxley, em "Admirável Mundo Novo" e a de George Orwell, no livro "1984".[22] O primeiro escritor retratou, em 1931, um cenário do século VII d.F. (depois de Ford), habitado por uma sociedade completamente organizada e feliz, vivendo na riqueza, devassidão e fartura. George Orwell, por sua vez, apresentou em 1949 a ideia de uma sociedade

---

[18] LIPOVETSKY, G. **A era do vazio:** ensaios sobre o individualismo contemporâneo. Trad. Therezinha Monteiro Deutsch. Barueri: Manole, 2005, p. 14. [grifo do autor] [sic]

[19] Cf. BAUMAN, Z. **Europa**: uma aventura inacabada. Trad. Carlos Alberto Medeiros. Rio de Janeiro: Jorge Zahar, 2006, p. 49-53.

[20] BAUMAN, Z. **Em busca da política.** Trad. Marcus Penchel. Rio de Janeiro: Jorge Zahar, 2000, p. 84.

[21] Cf. BAUMAN, 2000, p. 84-85.

[22] Cf. Id., 2001, p. 64

futurista, tomada pela miséria e pela escassez, e dominada por um governo totalitário.

> Completamente antagônicas, as duas visões estavam de acordo num ponto: no pressentimento de uma civilização estritamente controlada. A de Huxley, mediante doses regulares de felicidade quimicamente transmitida pelo "Soma" (a droga do futuro) e pelas ideologias propagadas em cursos noturnos, ministrados durante o sono; a de Orwell, pelo Grande Irmão (Big Brother). Isto porque, a exemplo de Platão e Aristóteles, incapazes de imaginar uma sociedade sem escravos, Huxley e Orwell não podiam concebê-la sem uma oligarquia de poder que estabelecesse parâmetros, rotinas e ordens a serem seguidas pelo resto da humanidade.[23]

A ordem implica em monotonia, repetição e previsibilidade de uma coisa acontecer. Nada de diferente pode ocorrer nos eventos que tem maior probabilidade de acontecer, isso implica em rotina.[24] A racionalidade instrumental da burocracia minimiza a tragicidade dos acontecimentos. A ordem não precisa de legitimação, ela é a sua própria fundamentação.

> Ela simplesmente "é", e não adianta desejar que não fosse: isso é tudo o que precisamos ou podemos saber sobre ela. Talvez exista porque Deus a fez existir em seu ato de Criação Divina: ou porque criaturas humanas, mas à imagem de Deus, a fizeram existir em seu trabalho continuado de projetar, construir e administrar. Em nossos tempos modernos, com Deus em prolongado afastamento, a tarefa de projetar e servir à ordem cabe aos seres humanos.[25]

O fordismo era o modelo de pensar a sociedade sólida caracterizada pela ordem e previsibilidade. As pessoas tinham certeza do que aconteceria quando entravam em empresas baseadas no modelo burocrático de Max Weber no qual imperava a racionalidade e a previsibilidade.[26] Esse era um mundo de homens e mulheres dirigido por outros, buscando fins determinados por outros e do modo determinado por estes. "Por essa razão era também o mundo das autoridades: de líderes que sabiam mais e de professores que ensinavam a proceder melhor".[27]

Com o derretimento dos sólidos modifica-se também a ordem como princípio de vida dos indivíduos. O que importa é aproveitar as oportunidades oferecidas pela

---

[23] CONTE, C. P.; LOR, E. A.; MARTIGNINI, F. A. **Modernidade líquida:** análise sobre o consumismo e seus impactos na Sociedade da Informação. Disponível em: <www2.oabsp.org.br /.../sociedade _informacao/.../modernidade_liquida.pdf >. Acesso em: 30 jan. 2012. [grifo do autor]

[24] Cf. SENNETT, 2008, p. 28-29.

[25] BAUMAN, 2001, p. 66.

[26] Cf. SENNETT, op. cit., p. 20-24.

[27] BAUMAN, op. cit., p. 76.

vida sem estar preso a nenhuma instituição, pois a mesma poderá ser um empecilho na busca de algo melhor. No mundo líquido, poucas coisas são ordenadas e elas devem ser modificadas de acordo com o desejo da pessoa.

> A "sociedade" é cada vez mais vista e tratada como uma "rede" em vez de uma "estrutura" (para não falar em uma "totalidade sólida"): ela é percebida e encarada como uma matriz de conexões e desconexões aleatórias e de um volume essencialmente infinito de permutações possíveis.[28]

O homem vive sempre na incerteza, pois sempre há a possibilidade de uma escolha melhor. "Não importa o quanto tentamos, nunca estaremos em dia com o que aparentemente nos é oferecido. Vivemos um tempo em que estamos constantemente correndo atrás. O que ninguém sabe é correndo atrás de quê".[29] O pensamento não é mais denso e ordenado, mas leve e desordenado para poder abarcar tudo o que a vida pode oferecer.[30]

1.3 Nova ideia de segurança

Em um ambiente cada vez mais inóspito em que o indivíduo vive com a certeza que deve encontrar sozinho uma maneira de proteger-se, há necessidade que tenha segurança.[31] Freud utiliza um termo em alemão chamado *Sicherheit* que foi traduzido para outras línguas como segurança e em muito empobrecido de seu verdadeiro significado no original em alemão. O termo significa ao mesmo tempo os conceitos de segurança, certeza e garantia.[32] O homem tem isso como condição básica para sua autoconfiança na capacidade de pensar e agir racionalmente.

> *Segurança.* O que quer que tenhamos ganhado e conquistado continuará em nosso poder; o que foi alcançado manterá seu valor como fonte de orgulho e respeito; o mundo é estável, confiável e,

---

[28] BAUMAN, Z. **Tempos líquidos.** Trad. Carlos Alberto Medeiros. Rio de Janeiro: Jorge Zahar, 2007a, p. 9.

[29] MONTEIRO, K. **Zigmunt Bauman:** "Estamos constantemente correndo atrás. O que ninguém sabe é correndo atrás de quê". O Globo On-Line, 26 abr. 2009. Disponível em: < http://oglobo.globo. com/tecnologia/mat/2009/04/26/zigmunt-bauman-estamos-constantemente-correndo-atras-queningue m-sabecorrendo-atras-de-que-755442068.asp>. Acesso em 18 fev. 2012.

[30] Cf. BAUMAN, Z. **Modernidade e ambivalência.** Trad. Marcus Penchel. Rio de Janeiro: Jorge Zahar, 1999a, p. 167-170.

[31] Cf. SARAIVA, K.; VEIGA NETO, A.. Modernidade líquida, capitalismo cognitivo e educação contemporânea. **Revista educação & realidade.** UFRGS - Porto Alegre, v. 34, n. 2, p. 193, maio/ ago. 2009.

[32] Cf. BAUMAN, 2000, p. 23-24.

> assim, os seus padrões do que é adequado, os hábitos adquiridos para a ação eficaz e as atitudes aprendidas para enfrentar os desafios da vida.
> *Certeza.* Saber a diferença entre o que é razoável ou tolo, digno de confiança ou traiçoeiro, útil ou inútil, próprio ou impróprio, lucrativo ou arriscado e todas as demais distinções que guiam as nossas opções diárias e nos ajudam a tomar decisões das quais – esperamos – não vamos nos arrepender; e conhecer os sintomas, presságios e sinais de alerta que nos permitem saber o que esperar e como distinguir um bom lance de um lance ruim.
> *Garantia.* Contanto que se aja de forma correta, nenhum perigo mortal – nenhum perigo que não se possa enfrentar – ameaçará o corpo e as suas extensões – isto é, a propriedade, o lar e a vizinhança – nem o espaço em que se inscrevem todos esses elementos do "eu maior": a terra natal e o seu ambiente.[33]

Quando um desses três elementos encontra-se ausente ou carente no indivíduo, o sujeito tem praticamente os mesmos sintomas: perda de motivação, falta de confiança em si mesmo e no que os outros apresentam, aumento da ansiedade, a projeção de colocar em outros suas fraquezas e falhas e a agressão. Todas essas tendências apresentadas são características de uma destruição da esperança existencial.[34]

As rotinas a que as pessoas estão acostumadas deixam de existir e elas são forçadas a escolher continuamente as melhores alternativas disponíveis. Essas memórias aprendidas perdem valor rapidamente não oferecendo nem tempo de o indivíduo descansar e relaxar.[35] Cada escolha tem seus riscos e com elas vêm as responsabilidades que o próprio homem tenta minimizar. O homem vive sob pressão e exausto ao final de cada dia. A segurança, certeza e garantia deixaram de exercer forte influência no vocabulário atual.[36] As incertezas são fabricadas "[...] de modo que viver na incerteza revela-se um estilo de vida, o único estilo da vida única disponível".[37]

Bauman comenta que os feudos medievais estão surgindo novamente sob uma nova roupagem. As aldeias medievais feitas de grossos muros, torres, fossos e pontes levadiças para proteger dos riscos e perigos do mundo são trocados atualmente por condomínios fechados com cercas elétricas de alta voltagem, vigilância eletrônica das vias de acesso, barreiras por todo o caminho e guardas

---

[33] BAUMAN, 2000, p. 25. [grifo do autor]
[34] Ibid., p. 25.
[35] Cf. PALLARES-BURKE, 2004, p. 324.
[36] Cf. GIDDENS, A. **Modernidade e identidade.** Trad. Plínio Dentzien. Rio de Janeiro: Jorge Zahar, 2002, p. 126-127.
[37] GIDDENS, [s.d.] apud BAUMAN, 2000, p. 26.

fortemente armados.[38] O homem mudou muito desde a sociedade medieval para a modernidade líquida, mas sua ânsia por segurança continua a mesma. Atualmente cada indivíduo cuida de si mesmo privatizando seu espaço físico de acordo com suas condições financeiras.[39]

1.4 Lugares êmicos, lugares fágicos, não-lugares e espaços vazios

A modernidade líquida tem seus mecanismos próprios para lidar com o espaço e com o estranho ao universo de referência do indivíduo.[40] Claude Lévi-Strauss argumenta que o homem utilizou duas estratégias para enfrentar o diferente de si dentro de sua caminhada civilizatória. Uma das estratégias empregadas foi a antropoêmica e outra a antropofágica.[41]

O modo antropoêmico consiste em vomitar, cuspir para fora os outros vistos como estranhos e alheios. Isso tende a evitar o contato físico, o diálogo e a aproximação social. As variantes extremas dessa estratégia êmica nos dias de hoje são o encarceramento, a deportação e o assassinato.[42] "As formas elevadas, modernizadas da estratégia êmica são a separação espacial, os guetos urbanos, o acesso seletivo a espaços e o impedimento seletivo a seu uso".[43]

O modo antropofágico é antagônico ao antropoêmico. Aqui ocorre a incorporação das substâncias estranhas com o objetivo de fazer, pelo metabolismo, corpos iguais aos indivíduos que a ingerem. Com isso não há distinção entre eles. Essa estratégia assumiu muitas formas diferentes no decurso da história humana passando do "[...] canibalismo à assimilação forçada – cruzadas culturais, guerras declaradas contra costumes locais, contra calendários, cultos, dialetos e outros preconceitos e superstições".[44] O modo antropoêmico visava o exílio ou a aniquilação dos outros enquanto o modo antropofágico tendia à suspensão ou assimilação de sua alteridade.

---

[38] Cf. BAUMAN, Z. **Confiança e medo na cidade.** Trad. Eliana Aguiar. Rio de Janeiro, Jorge Zahar, 2009, p. 42-46.
[39] Cf. Id., 2001, p. 110.
[40] Cf. Ibid., 101.
[41] Cf. LÉVI-STRAUSS, C. **Tristes trópicos.** Trad. Rosa Freire d'Aguiar. São Paulo: Companhia das Letras, 1996, p. 22-23.
[42] Cf. LÉVI-STRAUSS, 1996, p. 65-70.
[43] BAUMAN, 2001, p.118.
[44] LÉVI-STRAUSS, op. cit., p. 245.

Eis que um novo tipo de lugar cresce atualmente. São os não-lugares. Eles têm semelhança com os lugares êmicos onde existem espaços ostensivamente públicos, mas enfaticamente não-civis. Michael Foucault compara esses lugares como um barco, "[...] é um pedaço flutuante do espaço, um lugar sem lugar, que existe por si mesmo, que está fechado em si mesmo e ao mesmo tempo se dá ao infinito do mar".[45] Não interessa o que aconteça nesses lugares, os indivíduos devem se sentir em casa, mas ninguém deve se comportar igualmente como em casa.

> Um não-lugar é um espaço destituído das expressões simbólicas de identidade, relações e história: exemplos incluem aeroportos, auto-estradas, anônimos quartos de hotel, transporte público... Jamais na história do mundo os não-lugares ocuparam tanto espaço. Os não-lugares não requerem domínio da sofisticada e difícil arte da civilidade, uma vez que reduzem o comportamento em público a preceitos simples e fáceis de aprender.[46]

As diferenças podem ser jogadas para fora, colocadas em baixo do tapete, mantidas em separado, e há lugares que se especializam em cada caso. "Mas as diferenças também podem ser tornadas invisíveis, ou melhor, impedidas de serem percebidas".[47] Isso é o que acontece com os espaços vazios, termo nomeado por Jerzy Kociatkiewicz e Monika Kostera. Eles consideram os lugares vazios como

> [...] lugares a que não se atribui significado. Não precisam ser delimitados fisicamente por cercas ou barreiras. Não são lugares proibidos, mas espaços vazios, inacessíveis porque invisíveis.
> Se [...] o fazer sentido é um ato de padronização, compreensão, superação da surpresa e criação de significado, nossa experiência dos espaços vazios não inclui o fazer sentido.[48]

Os espaços vazios têm ausência de sentido. Por isso não precisam negociar e acertar as diferenças. Os indivíduos abastados que trabalham e vivem nos centros urbanos não conhecem os lugares desprezados pela cultura do consumo.[49] Lugares não muito distantes fisicamente, mas que não existem no mapa mental destas pessoas. "Vazios são os lugares em que não se entra e onde se sentiria perdido e

---

[45] FOUCAULT, 1986 apud BAUMAN, 2001, p. 116.
[46] Ibid., p.120.
[47] Ibid., loc. cit.
[48] KOCIATKIEWICZ & KOSTERA, 1999 apud BAUMAN, 2001, p. 120.
[49] Cf. BOURDIEU, P. Efeitos do lugar. In: BOURDIEU, P. (Org.) **Miséria do mundo**. Trad. Mateus S. Soares Azevedo et. al. Petrópolis: Vozes, 1997, p. 160.

vulnerável, surpreendido e um tanto atemorizado pela presença de humanos".[50] Excluir esses lugares permite que algumas pessoas brilhem e ganhem significado na sociedade de consumidores.

1.5 Wetware, hardware e software

Bauman faz um comparativo entre as categorias de tempo e de espaço. Anteriormente à Revolução Industrial, os dois termos andavam lado a lado em um casamento indissolúvel. "Longe e tarde, assim como perto e cedo, significavam quase a mesma coisa: exatamente quanto esforço seria necessário para que um ser humano percorresse uma certa distância – fosse caminhando, semeando ou arando".[51]

Esse período em que a movimentação para vencer o tempo/espaço estava baseada nos músculos era o *wetware*.[52] Não havia diferenciação, pois a força humana e dos animais era semelhante no quesito locomoção. Nas Olimpíadas gregas não havia interesse nos recordes olímpicos e menos ainda em suplantá-los. Quando o homem inventou um instrumento além de sua força física e dos animais a história mudou. A pré-história do tempo limitada pelo *wetware* terminou e começou a ser contada com a modernidade. É o período em que o tempo começa a fazer história.[53]

Com a modernidade o tempo e o espaço separaram-se. Quem descreveu isso foram os cientistas da física clássica como Newton e os defensores da razão iluminista como Kant. Este concebia o

> [...] espaço e tempo como duas categorias transcendentalmente separadas e mutuamente independentes do conhecimento humano. E, no entanto, por mais justificável que seja a vocação dos filósofos de pensar *sub specie aeternitatis*, é sempre um pedaço do infinito e da eternidade, sua parte finita correntemente ao alcance da prática humana, que fornece o "campo epistemológico" para a reflexão filosófica e científica e o material empírico que pode ser trabalhado para construir verdades eternas; essa limitação, na verdade, separa

---

[50] BAUMAN, 2001, p. 122.

[51] Ibid., p. 128.

[52] Termo que denota seres humanos vistos como parte de um sistema de computadores. Representa o sistema nervoso em contraposição aos sistemas computacionais que incluem o software e o hardware. Representa o período da história humana sem máquinas, ainda na ausência do motor a vapor e a explosão, que Bauman explora quanto à locomoção. [Cf. Ibid., p. 137-138.]

[53] Ibid., p. 128.

> os grandes pensadores dos outros que desapareceram na história como fantasistas, fabricantes de mitos, poetas e outros sonhadores. E assim algo deve ter acontecido à amplitude e à capacidade de carga da prática humana para que os soberanos espaço e tempo repentinamente se ponham a encarar, olhos nos olhos, os filósofos.[54]

A era do espaço e tempo separados ontologicamente ocorreu na modernidade sólida. O *wetware* tornava os seres humanos semelhantes e isso mudou com o advento da tecnologia do vapor e do motor a explosão. A nova era passou a ser chamada de *hardware*. Algumas pessoas podiam agora chegar onde queriam muito antes que as outras; podiam também fugir e evitar serem alcançadas ou detidas. Quem viajasse mais depressa podia reivindicar mais território, mantendo distância em relação aos competidores e deixando os intrusos de fora.[55]

Em uma declaração famosa, Benjamin Franklin disse que o tempo é dinheiro.[56] O tempo se tornou dinheiro para vencer a resistência do espaço: encurtar as distâncias, tornar executável a superação de obstáculos e limites à ambição humana. O tempo improdutivo devia ser eliminado e para isso é preciso racionalizar os tempos e movimentos tentando preencher o espaço mais densamente de objetos e em ampliá-lo que depois poderia ser preenchido de outra maneira. [57]

Essa parte da modernidade sólida – da era do *hardware* – caracterizada pelo volume, território e fábricas gigantescas, estava atrelada à conquista de espaço. A riqueza e o poder estavam atrelados ao domínio de terras e placas caracterizando a posse das mesmas como "entrada proibida". "Riqueza e poder que dependem do tamanho e qualidade do hardware tendem a serem lentas, resistentes e complicadas de se mover. Elas são encorpadas e fixas, feitas de aço e concreto e medidas por seu volume e peso".[58]

Com o derretimento dos sólidos e o advento da modernidade líquida inaugura-se a era atual do *software*. O tempo e espaço continuam separados. Porém, o tempo praticamente deixou de ter sentido. "Isso significa que, como todas as partes do espaço podem ser atingidas no mesmo período de tempo (isto é, em "tempo nenhum"), nenhuma parte do espaço é privilegiada, nenhuma parte tem um

---

[54] KANT, [s.d.] apud BAUMAN, 2001, p. 129. [grifo do autor]
[55] Cf. LYOTARD, J. F. **O pós-moderno.** Trad. Ricardo Corrêa Barbosa. 3. ed. Rio de Janeiro: José Olympio, 1988, p. 83-84.
[56] Cf. WEBER, M. **A ética protestante e o espírito do capitalismo.** Trad. M. Irene de Q. F. Szmrecsányi e Tomás J. M. K. Szmrecsányi. 5. ed. São Paulo: Livraria Pioneira Editora, 1987, p. 30.
[57] Cf. WEBER, 1987, p. 33.
[58] BAUMAN, 2001, p. 133.

"valor espacial"".[59] A instantaneidade impera nas novas relações com a cultura do agora.

> O tempo instantâneo e sem substância do mundo do *software* é também um tempo sem conseqüências. "Instantaneidade" significa realização imediata, "no ato" – mas também exaustão e desaparecimento do interesse. A distância em tempo que separa o começo do fim está diminuindo ou mesmo desaparecendo; as duas noções, que outrora eram usadas para marcar a passagem do tempo e, portanto para calcular seu "valor perdido" perderam muito de seu significado – que, como todos os significados, derivava de sua rígida oposição. Há apenas "momentos" - pontos sem dimensões. Mas, será ainda um tal tempo - tempo com a morfologia de um agregado de momentos - o tempo "como o conhecemos"? A expressão "momento de tempo" parece, pelo menos em certos aspectos vitais, um oximoro.[60]

Por mais que avancem os mecanismos tecnológicos será difícil o homem chegar próximo a zero o tempo necessário para alcançar um destino espacial. Isso significa desprendimento do espaço físico e a busca por um espaço virtual caracterizado pelo desengajamento, da fuga fácil e da perseguição inútil.[61] A modernidade líquida ancora-se na premissa da volatilidade do tempo/espaço que permite a transitoriedade das informações e relações permitindo criar e recriar o virtual no real sem estar preso à rigidez e normas conforme os parâmetros burocráticos da modernidade sólida.

1.6 O trabalho sob nova perspectiva

O trabalho passou por mudanças profundas com o novo modo de pensar da modernidade líquida. O que conta é o que acontece agora. Henry Ford dizia que "[...] a história é mais ou menos uma bobagem. Nós não queremos tradição. Queremos viver no presente, e a única história digna de interesse é a história que fazemos hoje".[62]

Essa ideia de Ford baseia-se no progresso que não representa qualquer realidade da história, mas a autoconfiança no presente. O trabalho foi considerado um projeto de missão partilhado por toda a humanidade e uma vocação por toda a

---

[59] BAUMAN, 2001, p. 137. [grifo do autor]
[60] Ibid., p. 137-138. [grifo do autor] [sic]
[61] Cf. VIRILIO, P. **O espaço crítico**. Trad. Paulo Roberto Pires. Rio de Janeiro: Editora 34, 1993, p. 8-9.
[62] FORD, (Jornal Tribuna de Chicago), 25 maio 1916 *apud* BAUMAN, 2001, p. 151.

vida. Na Idade Média, as ordens e congregações religiosas nos mosteiros valorizavam o trabalho da mesma forma que a oração.[63] Ele dava sentido para a maior parte do tempo vivido pelos homens sendo um meio de crescimento pessoal e convivência com pessoas diferentes.

> Despido de seus adereços escatológicos e arrancado de suas raízes metafísicas, o trabalho perdeu a centralidade que se lhe atribuía na galáxia dos valores dominantes na era da modernidade sólida e do capitalismo pesado. O trabalho não pode mais oferecer o eixo seguro em torno do qual envolver e fixar autodefinições, identidades e projetos de vida. Nem pode ser concebido com facilidade como fundamento ético da sociedade, ou como eixo ético da vida individual. Em vez disso, o trabalho adquiriu – ao lado de outras atividades da vida – uma significação principalmente estética. [...] Poucas pessoas apenas – e mesmo assim raramente – podem reivindicar privilégio, prestígio ou honra pela importância e benefício comum gerado pelo trabalho que realizam. Raramente se espera que o trabalho "enobreça" os que o fazem, fazendo deles "seres humanos melhores" e raramente alguém é admirado e elogiado por isso.[64]

Com a modernidade líquida o capital pode viajar rápido e leve, e sua leveza e mobilidade se tornam as fontes mais importantes de incerteza para todo o resto. Essa é hoje a principal base de dominação e o principal fator das divisões sociais.[65] Volume e tamanho deixam de serem recursos para se tornarem riscos.

Se a "ciência da administração" do capitalismo pesado se centrava em conservar a "mão-de-obra" e forçá-la ou suborná-la a permanecer de prontidão e trabalhar segundo os prazos, a arte da administração na era do capitalismo leve consiste em manter afastada a "mão-de-obra humana" ou, melhor ainda, forçá-la a sair.[66] Encontros breves substituem engajamentos duradouros.

> O trabalho como realização de si, a política como expressão natural da vida em sociedade, a fé no futuro como motor do projeto individual e social, coisas que estavam na base do contrato social moderno, não são mais ressentidas como evidências e não funcionam mais como mitos fundadores [...] A verdadeira vida está no particular, no concreto, no próximo [...] É isso que delimita uma criatividade existencial que já não tem grande coisa a ver com o trabalho sobre si mesmo e sobre o mundo, próprio à ideologia moderna.[67]

---

[63] Cf. HEILBORN, G.L.J.; LACOMBE, F.J.M. **Administração:** princípios e tendências. São Paulo: Saraiva, 2003, p. 237-238.

[64] BAUMAN, 2001, p. 160-161. [grifo do autor]

[65] Cf. Id., 2006, p. 99.

[66] Cf. BURAWOY, M. A transformação dos regimes fabris no capitalismo avançado. **Revista brasileira de ciências sociais**, [s. l.], n. 13, a. 5, p. 29-33, jun.1990.

[67] MAFFESOLI, M. **Elogio da razão sensível.** Tradução de Albert Christophe Migueis Stuckubruck. 2. ed. Petrópolis, Rio de Janeiro: Vozes, 1998, p. 191.

A modernidade sólida era caracterizada pelo capitalismo pesado no qual capital e trabalho andavam de mãos dadas. Os trabalhadores dependiam de seus empregos e os patrões da força de trabalho assalariada. Era um casamento a longo prazo, mas também um campo de batalha e um lar para esperanças e sonhos. Tudo estava planejado dentro de determinado espaço. Sennett conclui: "A rotina pode diminuir, mas pode também proteger; a rotina pode decompor o trabalho, mas pode também compor uma vida".[68] A certeza do amanhã impulsionava o homem a fazer projetos de vida.

> A exposição dos indivíduos aos caprichos dos mercados de mão-de-obra e de mercadorias inspira e promove a divisão e não a unidade. Incentiva as atitudes competitivas, ao mesmo tempo em que rebaixa a colaboração e o trabalho em equipe à condição de estratagemas temporários que precisam ser suspensos ou concluídos no momento em que se esgotarem seus benefícios.[69]

A nova mentalidade de curto prazo substituiu a de longo prazo sendo a vida de trabalho cheia de incertezas. O jovem norte-americano da década de 70 do século passado almejava um emprego fixo e garantido para toda a sua vida, pensava em metas a serem cumpridas e em receber gratificações ao longo do tempo. Atualmente os jovens pensam o contrário. Não tem prospecção nenhuma de laços duradouros e seus desejos são amorfos.[70]

Um exemplo bem claro ocorre no futebol. Há poucos anos, um jogador parecia trazer estampado na própria pele o distintivo de seu clube. "Na atualidade, de acordo com a melhor proposta, transfere-se para qualquer parte do mundo, disposto a enfrentar, sem nenhum constrangimento, o time de seu próprio país de origem".[71] Joga para quem paga mais e lhe oferece mais vantagens. O mesmo também ocorre com os empregos. Na modernidade sólida um funcionário que trabalhasse na Ford tinha a certeza que teria condições de fazer carreira e se aposentar. Esse modelo fornecia "[...] um refúgio seguro para a confiança e, consequentemente, para a negociação, a busca de compromissos e de uma convivência "consensual""[72]. Atualmente evidencia-se o oposto.

---

[68] SENNETT, R. **A corrosão do caráter**: consequências pessoais do trabalho no novo capitalismo. Trad. Marcos Santarrita. 10. ed. Rio de Janeiro: Record, 2005, p. 42.
[69] BAUMAN, 2007a, p. 9.
[70] Cf. SENNETT, 2008, p. 90-91.
[71] CONTE, LOR & MARTIGNINI, 2010, p. 5.
[72] BAUMAN, 2009, p. 25. [grifo do autor]

1.7 Globalização e glocalização

No âmbito da modernidade líquida com a nova concepção de trabalho, de relações, de capital, de espaço e de tempo surge um novo conceito: a globalização. A ideia transmitida pelo termo é "[...] o do caráter indeterminado, indisciplinado e de autopropulsão dos assuntos mundiais; a ausência de um centro, de um painel de controle, de uma comissão diretora, de um gabinete administrativo".[73] Os Estados-Nação deixam de ser referência como centros de poder para as corporações que não tem local fixo. Por isso podem fazer o que bem entendem com o capital.

A globalização acabou favorecendo à elite mundial ganhar dinheiro mais rápido. Alguns acabam se beneficiando à custa de outros que permanecem fixos em seus locais suportando as consequências do "capitalismo selvagem". Os ricos

> [...] utilizam a mais recente tecnologia para movimentar largas somas de dinheiro mundo afora com extrema rapidez e especular com eficiência cada vez maior. Infelizmente, a tecnologia não causa impacto nas vidas dos pobres do mundo. [Isso relacionado ao seu poder de compra e de acompanhar as tendências, quanto ao desejo é igual para todos] De fato, a globalização é um paradoxo: é muito benéfica para muito poucos, mas deixa de fora ou marginaliza dois terços da população mundial.[74]

A riqueza estava atrelada na modernidade sólida com a produção de coisas, o processamento de materiais, a criação de empregos e a direção de pessoas. Os antigos ricos precisavam dos pobres para fazê-los e mantê-los ricos. Essa dependência criou muitos conflitos que envolveu o poder político de cada época, sendo necessária a assistência e a caridade aos empobrecidos onde se constituiu uma tecnologia de controle social. Recentemente surgiu o Estado Social "[...] que avaliava a qualidade da sociedade como um todo pela qualidade de vida de seus cidadãos mais fracos e gravemente feridos".[75] Não deixava de ser uma forma de amenizar a desigualdade entre os cidadãos. A dicotomia entre a classe possuidora de recursos e da classe carente do necessário para sobreviver atravessou a história humana como sintetizou Karl Marx.[76]

---

[73] BAUMAN, Z. **Globalização:** as consequências humanas. Trad. Marcus Penchel. Rio de Janeiro: Jorge Zahar, 1999b, p. 66.

[74] BAUMAN, 1999b, p. 78. [acréscimo meu]

[75] Cf. Id., 2006, p. 76.

[76] Cf. SELL, C. E. **Sociologia clássica:** Durkheim, Weber e Marx. Itajaí: Editora Univali, 2006, p. 178-179.

> Os novos-ricos não precisam mais dos pobres. Finalmente a bem-aventurança da liberdade total está próxima. A mentira da promessa do livre comércio é bem encoberta; a conexão entre a crescente miséria e desespero dos muitos "imobilizados" e as novas liberdades dos poucos com mobilidade é difícil de perceber nos informes sobre as regiões lançadas na ponta sofredora da "glocalização". Parece, ao contrário, que os dois fenômenos pertencem a mundos diferentes, cada um com suas próprias causas marcadamente diversas. Jamais se suspeitaria pelos informes que o rápido enriquecimento e o rápido empobrecimento brotam da mesma raiz, que a "imobilidade" dos miseráveis é um resultado tão legítimo das pressões "glocalizantes".[77]

A globalização das economias arrasta para a produção de produtos e serviços efêmeros que devem ser trocados ou solicitados quando as pessoas são informadas sobre novos substitutos muito melhores e superiores aos antigos. Os indivíduos não sabem mais se podem confiar no que a globalização prometeu. "A globalização parece ter mais sucesso em aumentar o vigor da inimizade e da luta intercomunal do que em promover a coexistência pacífica das comunidades".[78] Nesse contexto, Bauman ressalta dois tipos de pessoas: os indivíduos que vivem num mundo globalizado são reconhecidos como turistas e aqueles que vivem num mundo glocalizado são chamados de vagabundos.

> Tanto o turista como o vagabundo foram transformados em consumidores, mas o vagabundo é um consumidor frustrado. Os vagabundos não podem realmente se permitir as opções sofisticadas em que se espera que sobressaiam os consumidores; seu potencial de consumo é tão limitado quanto seus recursos. [...] São inúteis, no único sentido de "utilidade" em que se pode pensar numa sociedade de consumo ou de turistas. E por serem inúteis são também indesejáveis. Como indesejáveis, são naturalmente estigmatizados, viram bodes expiatórios. Mas seu crime é apenas desejar ser como os turistas sem ter os meios de realizar os seus desejos como os turistas.[79]

Para que aconteça o sonho do consumo é fundamental a glocalização forçada de alguns não fornecendo nenhuma alternativa. Os glocalizados são os indivíduos presos ao território e sem condições de disputarem a corrida consumista com os turistas. Não deixa de ser um exemplo para incitar o medo do fracasso. "Para a indústria do consumo, o medo é, plena e verdadeiramente, um "recurso renovável"".[80] É bom que os vagabundos almejem ser turistas para mover os

---

[77] BAUMAN, 1999b, p. 78-79. [grifo do autor]
[78] Id., 2001, p. 219.
[79] Id., op. cit., p. 103-104. [grifo do autor]
[80] Id., 2006, p. 96.

mecanismos de consumo, embora dificilmente consigam transpor o limite que os separa. Caso consigam ser meio-turistas, é um grande passo.

1.8 Guerras espaciais

O urbanista e filósofo francês Paul Virílio quando questiona o fim da história ou o fim da geografia, conclui que "[...] as distâncias já não importam, ao passo que a noção de uma fronteira geográfica é cada vez mais difícil de sustentar no mundo real".[81] O espaço também passa por mudança de conceito.

A história da civilização começa quando o sedentarismo ganha força contra o nomadismo. As cidades começam como um mecanismo para se proteger dos perigos conseguindo segurança e facilitando a vida. Os nômades não eram bem vistos pelos civilizados por pensarem diferentemente. Os romanos chamavam os alheios de sua civilização de bárbaros. "O desenvolvimento das leis, o progresso cultural e o avanço da civilização estavam intimamente ligados à evolução e ao aperfeiçoamento das relações homem-terra ao longo do tempo e do espaço".[82]

O progresso era identificado com o abandono das comunidades nômades para um modo de vida sedentário. O processo de sedentarização veio se intensificando na história sendo que na modernidade sólida a conquista de novas terras pelos Estados nascentes implicava envolvimento direto com o espaço. Isso significava a conquista, anexação e colonização territorial de povos menores e subjugação ao povo mais forte.[83] Um exemplo de império sólido e pesado foi o Reino Unido entre séculos XVIII e XIX. Em suas terras o sol nunca deixava de brilhar devido a sua extensão territorial em praticamente todo o globo.

> Claramente, não mais. O jogo da dominação na era da modernidade líquida não é mais jogado entre o "maior" e o "menor", mas entre o mais rápido e o mais lento. Dominam os que são capazes de acelerar além da velocidade de seus opositores. Quando a velocidade significa dominação, a "apropriação, utilização e povoamento" do território se torna uma desvantagem – um risco e não um recurso. Assumir algo sob nossa própria jurisdição e anexar a terra alheia implicam as tarefas caras, embaraçosas e não-lucrativas de administração e policiamento, responsabilidades e

---

[81] VIRILIO, 1997 apud BAUMAN, 1999b, p. 16.
[82] Id., 2001, p. 214.
[83] Cf. Id., 1999b, p. 39.

> compromissos – e acima de tudo limitações consideráveis à nossa futura liberdade de movimento.[84]

As guerras de ocupação territorial mudaram de estratégia na modernidade líquida. As disputas vindouras a serem empreendidas serão no estilo atacar e fugir, pois os indivíduos atacados estarão presos ao território. Os ataques devem ser rápidos e certeiros destruindo a infraestrutura do inimigo impedindo que eles contra-ataquem com rapidez. Quem fica com os problemas de reorganizar o território não é o invasor, mas as autoridades locais presas ao espaço.[85] O poderio das elites econômicas mundiais consiste na capacidade de escapar de compromissos locais.[86]

> Ao longo do estágio sólido da era moderna, os hábitos nômades foram mal vistos. A cidadania andava de mãos dadas com o assentamento, e a falta de "endereço fixo" e de "estado de origem" significava exclusão da comunidade obediente e protegida pelas leis, freqüentemente tornando os nômades vítimas de discriminação legal, quando não de perseguição ativa. [...] No estágio fluido da modernidade, a maioria assentada é dominada pela elite nômade e extraterritorial.[87]

Na modernidade sólida os homens estavam presos ao espaço e cabia a eles controlá-lo da melhor forma possível. Atualmente o próprio espaço é que deve ser remodelado ou modelado a partir do nada à semelhança do mapa e de acordo com as decisões dos cartógrafos. "Tecnologias que efetivamente se livram do tempo e do espaço precisam de pouco tempo para despir e empobrecer o espaço".[88] O controle baseia-se em "criar um espaço" para satisfazer as vontades individuais e desfazê-lo quando não for mais necessário.

1.9 Controle dos indivíduos

O filósofo Jeremy Bentham introduziu a ideia de panóptico na modernidade sólida como um instrumento direcionado para o controle do comportamento "[...] no seu projeto de inserção dessa poderosa cadeia de controle social sobre as instituições européias do período incipiente do Iluminismo e da Revolução

---

[84] BAUMAN, 2001, p. 215. [grifo do autor]
[85] Cf. Id., 2006, p. 23-24.
[86] Cf. GIDDENS, A. **As consequências da modernidade.** Trad. Raul Fiker. São Paulo: Editora UNESP, 1991, p. 57-69.
[87] BAUMAN, 2001, p. 20. [grifo do autor] [sic]
[88] Id., 1999b, p. 81.

Industrial".[89] Era uma forma de conseguir o máximo domínio das ações individuais de cada pessoa, evitando-se as grandes convulsões sociais, a criminalidade e as revoltas contra a ordem estabelecida. Nessas condições, a formulação do panóptico seria, originalmente,

> [...] uma espécie de grande projeto utópico, cuja instauração, de acordo com o seu ideólogo, resolveria definitivamente o problema da segurança pessoal da sociedade urbana, ainda que, para tanto, fosse necessário invadir o direito de usufruto de intimidade de cada indivíduo.[90]

A investigação sobre a natureza do panóptico seria retomada numa perspectiva arqueológica na era contemporânea por Michel Foucault. Ele tinha em vista a explicitação dos mecanismos de sofisticação do poder de punição exterior para o exercício interior de autogoverno que se encontra enraizada na prática de controle social por meio da observação contínua da comunidade de indivíduos.[91] Isso não deixa de ser uma administração coletiva da sociedade como se fosse um grande parque fabril onde todos devem cumprir o seu papel.

> A aplicação desse sistema coercitivo de fiscalização social pelo olhar se dá em várias instâncias da vida coletiva, tais como os presídios, as fábricas, os espaços religiosos e as escolas. Em todos os casos citados, preconiza-se a adequação incondicional do indivíduo às regras estabelecidas, o que nada mais é do que uma submissão do sujeito aos imperativos dos detentores de poder das instituições sociais.[92]

Após a morte de Foucault apareceu um modelo mais sofisticado de prisão diferentemente do panóptico, de acordo com Bauman. O antigo paradigma ainda pensava no controle dos indivíduos com prospecção de futuro visando reinseri-los na sociedade. Na década de 90 do século XX surge um novo modelo carcerário nos Estados Unidos dentro do estado da Califórnia. Bauman analisa essa prisão fundamentada nos parâmetros da modernidade fluida. O sinóptico, também conhecida como *Pelican Bay,* é

> [...] inteiramente automatizada e planejada de modo que cada interno praticamente não tem qualquer contato direto com os guardas ou

---

[89] BENTHAM, J. **O panóptico**. Trad. Tomas Tadeu da Silva. Belo Horizonte: Ed. Autêntica, 2000, p. 20.

[90] BENTHAM, 2000, p. 73-74.

[91] Cf. FOUCAULT, M. **Vigiar e punir.** Trad. Ligia Pondé Vassalo. Petrópolis: Vozes, 1984, p. 172.

[92] FOUCAULT, 1984, p. 173.

> outros internos. A maior parte do tempo os internos ficam em celas sem janelas, feitas de sólidos blocos de concreto e aço inoxidável. Eles não trabalham em indústrias de prisão; não tem acesso a recreação; não se misturam com outros internos. Até os guardas são trancados em guaritas de controle envidraçadas, comunicando-se com os prisioneiros através de um sistema de alto-falantes e raramente ou nunca sendo vistos por eles. A única tarefa dos guardas é cuidar para que os prisioneiros fiquem trancados em suas celas — quer dizer, incomunicáveis, sem ver e sem ser vistos. Se não fosse pelo fato de que os prisioneiros ainda comem e defecam, as celas poderiam ser tidas como caixões.[93]

O panóptico visava corrigir o cidadão moralmente com uma série de trabalhos internos visando reintegrá-lo à sociedade. O modelo burocrático de sociedade era a época em que o trabalho era valorizado como instrumento para o indivíduo obter reconhecimento e afirmar sua função no meio em que vivia.[94] O controle era necessário para que o interno fizesse os movimentos desejados.

Nas prisões do modelo sinóptico não interessa o comportamento dos presos, se algum trabalho produtivo é feito dentro dos muros ou se recebem um treinamento para o trabalho. O que importa é que os detentos fiquem dentro das celas. O castigo é a imobilidade. Esse modelo prisional "[...] foi planejado como fábrica de exclusão e de pessoas habituadas à sua condição de excluídas".[95] Essa é a mentalidade de curto prazo que no momento afasta os "perigosos" das ruas.[96] A prisão nesse sentido funcionaria não somente para deter presos, mas sim para os "livres de fora" seguirem as normas estabelecidas para não serem encarcerados. O medo da punição seria o mecanismo de controle do comportamento dos cidadãos.

1.10 Totalitarismo de pensamento

Uma nova perspectiva de viver começou a ser pensada com o Iluminismo. Ela consistia no poder de fazer juízos racionais e se portar segundo os preceitos da razão. Com ela o homem poderia chegar ao ápice de sua história.[97] Immanuel Kant representa isso no artigo "Sapere Aude" afirmando que "[...] quando deliberadamente não se mantém os homens no barbarismo, eles gradativamente

---

[93] BAUMAN, 1999b, p. 115.
[94] Cf. HEILBORN & LACOMBE, 2003, p. 240.
[95] BAUMAN, op. cit., p. 120.
[96] Cf. Id., 2001, p. 46.
[97] Cf. Ibid., p. 192-193.

superam tal condição por si mesmos".[98] Questiona-se em que racionalidade se dá a fundamentação do pensamento, haja vista que atualmente existe um pluralismo de horizontes. Pensar de forma unívoca e totalitária

> [...] visa à total aniquilação da esfera privada, do reino da autoconstituição e autodeterminação individuais – em suma, à irreversível dissolução do privado no público. O objetivo não é tanto impedir os indivíduos de pensar – uma vez que isso seria impossível mesmo diante do mais fanático dos padrões – mas tornar o seu pensamento impotente, irrelevante e sem influência para o sucesso e fracasso do poder. No extremo da tendência totalitária, são bloqueados os canais de comunicação entre poder público e o que quer que tenha restado dos indivíduos privados. Não há necessidade de diálogo, uma vez que não há nada a dizer: os súditos nada têm a dizer que possa ser de valor para os interesses do poder e os poderes instituídos não têm mais necessidade de convencer, converter, ou doutrinar os súditos.[99]

A liberdade permitida aos intelectuais nos governos totalitários era a de ouvir, tomar nota e obedecer. Na cúpula do poder havia lugar somente para os pensadores que concordavam com o sistema vigente e fundamentavam o mesmo em suas obras. "A iniciativa intelectual, espiritual e artística é tão perigosa para o totalitarismo quanto à iniciativa criminosa das massas e ambas são mais perigosas que a mera oposição política".[100] Algo não muito distante ocorre com a produção literária atual. Parecem diferentes, mas fundamentam uma sociedade líquida baseada na cultura do presente e no desvio de responsabilidades.[101] O grande capital nunca lucrou tanto em sua história e a desigualdade entre os abastados e os empobrecidos é consequência disso.

"Ao longo de toda a era moderna, a razão legislativa dos filósofos combinou bem com as práticas demasiadamente materiais dos Estados, [...] legislar e impor as leis da razão é o fardo daqueles poucos conhecedores da verdade, os filósofos."[102] Autores como Descartes, o transcendentalismo de Husserl, o princípio da refutação de Popper, as racionalidades construídas por Weber traçaram a marca característica da mentalidade moderna. Bauman descreve com clareza a construção do conhecimento, onde

---

[98] KANT, Immanuel. O que é Esclarecimento? **Crítica revista de filosofia.** Disponível em: <http://criticanarede.com/html/fil_iluminismo.html>. Acesso em: 23 fev. 2012.
[99] ARENDT, 1973 apud BAUMAN, 2000, p. 94.
[100] Ibid., p. 101-102.
[101] Cf. Id., 2001, p. 55-56.
[102] Id., 1999a, p. 29.

> [...] a modernidade atinge esse novo estágio quando é capaz de enfrentar o fato de que o aumento do conhecimento expande o campo da ignorância, que a cada passo ao horizonte novas terras desconhecidas aparecem e que, para colocar a coisa de maneira mais genérica, a aquisição do conhecimento não pode se exprimir de nenhuma outra forma que não a da consciência de mais ignorância.[103]

Bauman entende que "[...] à medida que a qualidade do pensamento se torna mais racional, aumenta a quantidade de destruição".[104] O pensador afirma que a ideologia e o sistema que fundamentou o maior genocídio de judeus na história, o Holocausto, continuam intactos.[105] Atualmente muitas nações utilizam-se do medo para controlar seus cidadãos e os primeiros a serem rechaçados pelos governos são os imigrantes em seu território.[106] O que deixa intrigado é que há ausência de pensadores que se oponham contra isso, até mesmo a Organização das Nações Unidas.

O poder e o conhecimento sempre andaram de mãos dadas. "Poder e autoridade sem dúvida são coisas excelentes; tudo depende de quem os têm, em que circunstâncias e para quais fins".[107] O poder para desfazer qualquer desgraça merece comemoração e não anonimato, e o poder para desfazê-la absolutamente merece celebração absoluta. A dominação da natureza por meio do progresso racional e da elevação da razão como deusa absoluta foi expandido também para o controle dos indivíduos.[108]

Bauman é instigado por Foucault na composição de suas obras. Contudo, Foucault tem outro ponto de vista com relação à ideia de poder.

> Parece-me que se deve compreender o poder, primeiro, como a multiplicidade de correlações de forças imanentes ao domínio onde se exercem e constitutivas de sua organização; o jogo que, através de lutas e afrontamentos incessantes as transforma, reforça, inverte; os apoios que tais correlações de força encontram umas nas outras, formando cadeias ou sistemas ou ao contrário, as defasagens e contradições que as isolam entre si; enfim, as estratégias em que se originam e cujo esboço geral ou cristalização institucional toma corpo

---

[103] BAUMAN, 1999a, p. 258.

[104] BAUMAN, Z. **Modernidade e holocausto**. Trad. Marcus Penchel. Rio de Janeiro: Jorge Zahar, 1998a, p. 121.

[105] Cf. BAUMAN,1998a, p. 109.

[106] Cf. Ibid., p. 158.

[107] EAGLETON, T. **As Ilusões do pós-modernismo.** Trad. Elisabeth Barbosa. Rio de Janeiro: Jorge Zahar, 1998, p. 61.

[108] Cf. GIDDENS, 2002, p. 104; 140.

> nos aparelhos estatais, na formulação da lei, nas hegemonias sociais.[109]

Saber e poder estão entrelaçados na história humana. O novo modelo de modernidade não surgiu do nada. O totalitarismo de pensamento atual, salvo raras exceções, relaciona-se ao poder vigente financiado pelo capital para atender às exigências do mercado consumidor. Não um poder formado por um conjunto de instituições e aparatos sociais para controlarem e educarem os cidadãos. O poder se manifesta de forma mais sutil até modelando o pensamento das pessoas.[110]

1.11 Política e governo atual

O homem é um ser político segundo Aristóteles. Essa é uma ideia proveniente da filosofia grega com a qual Bauman concorda. Esta abordagem argumenta que o homem tende naturalmente a viver em sociedade. A modernidade líquida tem como uma de suas características o individualismo e sendo difícil pensar em política sem remeter a *pólis*, ao coletivo.[111] Na verdade faltam cidadãos e sobram indivíduos.

> O indivíduo *de jure* [falso] não pode se tornar indivíduo *de facto* sem antes tornar-se cidadão. Não há indivíduos autônomos sem uma sociedade autônoma, e a autonomia da sociedade requer uma auto-constituição deliberada e perpétua, algo que só pode ser uma realização compartilhada de seus membros.[112]

A reflexão crítica é a modalidade de uma autêntica política, diferente do termo político que está relacionado a quem detém o poder. A política é um esforço efetivo e prático para subjugar instituições que exaltam a individualidade em detrimento do coletivo.[113] A democracia é um mecanismo de reflexão crítica que extrai sua típica identidade dessa reflexão. Cornelius Castoriadis define política como a

---

[109] FOUCAULT, M. **História da sexualidade:** A vontade de saber. Trad. Maria Thereza da Costa Albuquerque e J. A. Guilhon Albuquerque. Rio de Janeiro: Graal, 1988, v. 1, p. 89.

[110] Cf. BAUMAN, 1999b, p. 64-65.

[111] Cf. SILVA, R. B. O individualismo como estratégia de cuidado de si na sociedade de consumo. **Cadernos Zygmunt Bauman.** [s. l.], v. 1, n. 1, p. 30, jan. 2011. ISSN 2236-4099. Disponível em: <www.filosofiacapital.org/ojs-2.1.1/index.../cadernoszygmuntbauman>. Acesso em: 25 fev. 2012.

[112] BAUMAN, 2001, p. 50. [grifo do autor]

[113] Cf. Ibid., 173.

> [...] atividade explícita e lúcida que diz respeito a instauração das instituições desejáveis e da democracia como regime da máxima auto-instituição possível, explícita e lúcida, das instituições sociais que dependem da atividade coletiva explícita.
> É praticamente desnecessário acrescentar que essa auto-instituição é um movimento que não pára, que não visa a uma "sociedade perfeita" (expressão completamente sem sentido) mas, antes, a uma sociedade livre e o mais justa possível. É a esse movimento que chamo projeto de uma sociedade autônoma, o qual, se quiser vingar, tem que criar uma sociedade democrática. [114]

A descrição acima é um conceito ideal de política e democracia, não como ocorre na realidade e nem nos governos chamados democráticos. A política e a democracia que existem de fato são tão distantes dos modelos ideais como as sociedades contemporâneas em relação ao modelo de uma sociedade autônoma.[115] Ela está presente na prática atual no máximo como um projeto, como produção discursiva, e os projetos para serem concretizados possuem um poderoso adversário: as realidades que deveria ou pretende transformar.[116]

É grande a preocupação da democracia em diferenciar a esfera privada da pública e a sua interdependência mútua. Chama atenção o espaço intermediário entre o público e o privado, ou seja, o local de fazer política.

> A distinção entre as esferas pública e privada é antiga, remontam aos ambientes doméstico [*oikos*] e político [*eclésia*] dos gregos, este local em que os assuntos concernentes a todos os membros da polis eram discutidos e resolvidos. Mas entre oikos e eclésia os gregos situavam uma outra esfera, a da comunicação entre as duas: a esfera cujo papel principal não era manter o público e o privado separados nem preservar a integridade territorial de cada um, mas garantir um tráfego suave e contínuo entre eles. Essa terceira esfera intermediária, a ágora, une e mantêm juntos os dois extremos. Sem a ágora, nem a pólis nem seus membros poderiam alcançar e muito menos preservar a liberdade de decidir o sentido do bem comum e o que deveria fazer para atingi-lo.[117]

A ágora como esfera pública/privada, local onde existem demais pessoas que pensam e disputam espaço, é ambiente propício para tensão e luta. Mas é também espaço para diálogo, cooperação e compromisso. Esse local está sendo destruído na modernidade líquida começando pelos novos indivíduos formados. "A vida econômica assume o aspecto do egoísmo racional do "homo economicus", da

---

114 CASTORIADIS, 1998 apud BAUMAN, 2000, p. 90. [grifo do autor] [sic]
115 Cf. Id., 1999a, p. 294.
116 Cf. GIDDENS, 1991, p. 142.
117 BAUMAN, 2000, p. 93.

busca exclusiva de lucros, sem qualquer preocupação pelos problemas da relação humana com outrem e, sobretudo sem qualquer consideração pelo todo".[118] As relações que acontecem são rápidas e artificiais sem o compromisso moral e ético com o próximo.

A preservação dos governos atuais no poder não implica necessariamente no bem-estar de seus cidadãos em primeiro plano, mas sim no capital. Os governos são lentos, pois estão imobilizados em seus territórios enquanto o capital circula rapidamente e fica no local onde oferece mais vantagens. "Hoje o capital viaja leve – apenas com a bagagem de mão, que inclui nada mais que pasta, telefone celular e computador portátil".[119] O nomadismo do capital faz com que ele não tenha qualquer espécie de vínculo ou raízes, o que permite sua volatilidade e não comprometimento de qualquer natureza. Com o capitalismo parasitário[120] as nações e a coletividade nacional enfraquecem frente ao poder exercido pelos grupos econômicos que transcendem o seu território "[...] tornando-se impotente diante da influência dos macro-agregados globais e dos imprevistos do mercado mundial".[121]

Bauman argumenta que o tempo atual é de "[...] desregulamentação, de descentralização, de individualização, em que se assiste ao fim da Política com P maiúsculo e ao surgimento da Política da Vida".[122] Cada membro da sociedade deve procurar soluções particulares para si mesmo devido à redução do papel do Estado como mecanismo fornecedor de oportunidades e defensor da cidadania de seus membros.

1.12 A humanidade em busca da comunidade

A humanidade está inserida na modernidade líquida em que imperam os desejos próprios em detrimento dos desejos alheios. O individual sobrepuja ao

---

[118] GOLDMANN, L. **Sociologia do romance.** Trad. Álvaro Cabral. Rio de Janeiro: Ed. Paz e Terra, 1967, p. 178. [grifo do autor]

[119] BAUMAN, 2001, p. 70.

[120] Sem meias palavras, o capitalismo é um sistema parasitário. Como todos os parasitas, pode prosperar durante certo período, desde que encontre um organismo ainda não explorado que lhe forneça alimento. Mas não pode fazer isso sem prejudicar o hospedeiro, destruindo assim, cedo ou tarde, as condições de sua prosperidade ou mesmo de sua sobrevivência. [BAUMAN, Z. **Capitalismo parasitário**: e outros temas contemporâneos. Trad. Eliana Aguiar. Rio de Janeiro: Jorge Zahar, 2010b, p. 8-9.]

[121] CHESNEAUX, J. **Modernidade-mundo.** Trad. João da Cruz. Petrópolis: Vozes, 1995, p. 77. [sic]

[122] PALLARES-BURKE, 2004, p. 308.

coletivo. O indivíduo inseguro nesse mundo de incertezas busca segurança. "Comunidade é, hoje, a última relíquia das utopias da boa sociedade de outrora; é o que sobra dos sonhos de uma vida melhor, compartilhada com vizinhos melhores, todos seguindo melhores regras de convívio".[123] Atualmente essa utopia de harmonia reduziu-se ao tamanho da vizinhança mais próxima, quando muito. As imobiliárias movidas pelo espírito de consumo tentam vender comunidades seguras baseadas nesse argumento.[124]

A ausência de diferenças, o sentimento de que os seres humanos são semelhantes, a não negociação de interesses devido às pessoas terem o mesmo desejo, é o significado que mais se aproxima do conceito comunidade. Nas palavras de Richard Sennett,

> [...] imagens de solidariedade comunitária são forjadas para que os homens possam evitar lidar com outros homens. [...] Por um ato de vontade, uma mentira se quiserem, o mito da solidariedade comunitária deu a essas pessoas modernas a possibilidade de ser covardes e esconder-se dos outros. [...] A imagem da comunidade é purificada de tudo o que pode implicar um sentimento de diferença, ou conflito, a respeito de o que "nós" somos. Desse modo, o mito da solidariedade comunitária é um ritual de purificação.[125]

O termo comunidade envolvendo a coletividade é repetitivo na literatura política. "Homens e mulheres procuram grupos de que possam fazer parte, com certeza e para sempre, num mundo em que tudo o mais se desloca e muda, em que nada mais é certo".[126] Faz-se mister o uso de uma nova cultura que ancore essa prerrogativa.

> Em seu movimento, ela traz mais possibilidades que a antiga cultura congelada, mas em sua procura da qualidade média destrói essas possibilidades. Sob outras formas, a luta entre o conformismo e a criação, o modelo congelado e a invenção continuam.[127]

A evolução das tecnologias permitiu o surgimento de um novo tipo de comunidade, o ciberespaço. Nesse espaço entra a internet com sua rede mundial de computadores com indivíduos unidos por um mesmo objetivo, embora muitas vezes

---

[123] BAUMAN, 2001, p. 108.

[124] Cf. BAUMAN, Z. **Comunidade:** a busca por segurança no mundo atual. Trad. Plínio Dentzien. Rio de Janeiro: Jorge Zahar, 2003a, p. 52.

[125] SENNETT, 1997 apud BAUMAN, op. cit., p. 117. [grifo do autor]

[126] Id., 2003a, p. 20.

[127] MORIN, E. **Cultura de massas no século XX** – neurose. Trad. Maura Ribeiro Sardinha. v. 1, 9. ed. Rio de Janeiro: Forense Universitária, 1997, p. 52.

o foco é dúbio. Existem espaços de debate racional e argumentado, visando agruparem pessoas com as mesmas afinidades.

> Esse projeto convoca um novo humanismo que inclui e amplia o "conhece-te a ti mesmo" para um "aprendamos a nos conhecer para pensar juntos", e que generaliza o "penso, logo existo" em um "formamos uma inteligência coletiva, logo existimos eminentemente como comunidade".[128]

As comunidades existentes na modernidade sólida eram éticas. Bauman também as chama de compreensivas e duradouras, ou seja, genuínas. Elas se baseavam em normas e objetivos, no qual os destinos eram partilhados visando sua permanência.[129] Na modernidade líquida ocorre o inverso, Bauman denomina as comunidades como estéticas. Elas se reúnem em torno do entretenimento, de celebridades e de ídolos. Essas comunidades estéticas, comunidades cabide, *cloakromm communities*[130], dificilmente oferecem laços duradouros para seus membros.

> Uma coisa que a comunidade estética definitivamente não faz é tecer entre seus membros uma rede de *responsabilidades éticas* e, portanto, de *compromissos a longo prazo.* Quaisquer que sejam os laços estabelecidos na explosiva e breve vida da comunidade estética, eles não vinculam verdadeiramente: eles são literalmente "vínculos sem conseqüências". Tendem a evaporar-se quando os laços humanos realmente importam – no momento em que são necessários para compensar a falta de recursos ou a impotência do indivíduo. Como as atrações disponíveis nos parques temáticos, os laços das comunidades estéticas devem ser "experimentados", e experimentados no ato – não levados para casa e consumidos na rotina diária.[131]

As comunidades estéticas não permitem a condensação das comunidades éticas. Elas impedem a sociabilidade entre as pessoas e assim ajudam muito para a perpetuação da solidão do homem moderno.[132] Para isso tornar-se possível na modernidade líquida, com o desmantelamento da modernidade sólida foi preciso adotar uma nova racionalidade. Surge um homem diferente de tudo o que ocorreu

---

[128] LÉVY, P. A. **Inteligência Coletiva**: por uma antropologia do ciberespaço. Trad. Luiz Paulo Rouanet. São Paulo: Loyola, 1998, p. 23. [grifo do autor]
[129] Cf. BAUMAN, 2001, p. 224.
[130] Literalmente, "comunidades de guarda-casacos", em alusão aos locais onde, em museus e teatros, deixam-se capas e casacos, que são retirados à saída. [Ibid., p. 227.] [grifo do autor]
[131] Id., 2003a, p. 66-67. [grifo do autor]
[132] Cf. Id., 2001, p. 230.

na história humana.[133] O homem líquido é um dos reflexos do novo jeito de pensar, no qual "[...] virtualmente todos os aspectos da vida humana são afetados quando se vive a cada momento sem que a perspectiva de longo prazo tenha mais sentido".[134] A certeza está na constante mudança sendo que cada indivíduo deve buscar por si próprio uma maneira de melhor convivência.

---

133 Cf. BAUMAN, 2003a, p. 69.
134 PALLARES-BURKE, 2004, p. 322.

2 VIDA HUMANA

Bauman entende que o homem é um produto do que acontece na modernidade líquida. Suas reflexões são um trabalho em desenvolvimento e ele nunca se contenta em definir ou conceitualizar um evento qualquer. Procura estabelecer conexões com fenômenos sociais ou manifestações dos costumes e hábitos públicos que parecem muito distantes do objeto inicial da investigação, e elaborar comentários sobre eles.[135] Há um grande diálogo com outras ciências em suas obras, "[...] o que torna impossível definir suas influências intelectuais ou seu alimento a determinada escola de pensamento".[136]

Nos seus escritos, em que aborda o indivíduo como integrante de uma sociedade e que responde a ela, há uma ideia de modelação à mesma segundo os seus ditames. A expressão mais clara do pensamento baumaniano se dá por intermédio do estruturalismo.[137] De acordo com o estruturalismo filosófico, "a categoria ou ideia de fundo não é o **ser**, mas a **relação**, não é o **sujeito**, mas a **estrutura**. [...] Os homens não têm significado e **não existem** fora das relações que o instituem e especificam o seu comportamento".[138] As relações atravessam toda a obra do filósofo e sociólogo polonês, onde o homem é transformado numa estrutura

---

[135] Cf. BAUMAN, Z. **Identidade:** entrevista a Benedetto Vecchi. Trad. Carlos Alberto Medeiros. Rio de Janeiro: Jorge Zahar, 2005a, p. 7-8.

[136] BAUMAN, 2005a, p. 8.

[137] Os estruturalistas pretenderam inverter a direção em que andava o saber sobre o homem, decidindo destronar o sujeito (o eu, a consciência ou o espírito) e suas celebradas capacidades de liberdade, autodeterminação, autotranscendência e criatividade em favor de "estruturas" profundas e inconscientes, onipresentes e onideterminantes, isto é, de estruturas onívoras em relação ao "eu". E isso a fim de tornar científicas as "ciências humanas". Mas as ciências humanas "só podem tornar ciências deixando de ser humanas". [REALE, G.; ANTISERI, D. **História da filosofia**: de Freud à atualidade. Trad. Ivo Storniolo. v. 7, 2. ed. São Paulo: Paulus, 2008, p. 82.] [grifo do autor]

[138] REALE & ANTISERI, 2008, p. 83. [grifo do autor]

flexível programável ao consumo.[139] As interações sociais e laços afetivos estão cada vez mais fracos devido à modernidade líquida. Tudo passa a ter um cunho econômico focalizando a materialidade nas relações.

O mundo atual oferece muitas escolhas e cada um pode agarrar uma oportunidade e levar consigo no seu cotidiano. "Afinal de contas, perguntar "quem você é" só faz sentido se você acredita que pode ser outra coisa além de você mesmo".[140] Isso provavelmente não aconteceu com moradores de cidades longínquas de grandes centros urbanos ou com os povos da floresta que estavam confinados em seu lugar. Na época líquido-moderna, o mundo está repartido em fragmentos mal ajustados e as existências individuais seguem o mesmo parâmetro. Elas estão fatiadas numa sucessão de episódios fragilmente conectados.

> Em 1994, um cartaz foi espalhado pelas ruas de Berlim. Ele dizia: "Seu Cristo é judeu. Seu carro é japonês. Sua pizza é italiana. Sua democracia, grega. Seu café, brasileiro. Seu feriado, turco. Seus algarismos, arábicos. Suas letras, latinas. Só o seu vizinho é estrangeiro".[141]

O pensamento de Bauman não é unidirecional[142], pois o mesmo está localizado no horizonte contemporâneo da pluralidade de visões. Sua abordagem antropológica está baseada na práxis social na qual o sujeito se constrói como indivíduo. Isso é evidenciado na atual fase filosófica de Bauman, a fase mosaica que engloba o conjunto de livros e análises sobre os variados tópicos da modernidade líquida (globalização, comunidade, identidade, fragilidade dos laços humanos, refugiados, consumo etc.). Nela emerge "[...] a metáfora da liquidez como chave de leitura que permite melhor pensar as inúmeras questões existenciais e políticas que acometem os habitantes do atual estágio moderno".[143] Tal metáfora é inserida levando em consideração o momento anterior, no qual a razão e seus esquemas determinados ancoravam a modernidade sólida.

---

[139] Cf. BAUMAN, Z. **Vida líquida**. Trad. Carlos Alberto Medeiros. Rio de Janeiro: Jorge Zahar, 2007b, p. 18.

[140] Id, 2005a, p. 25. [grifo do autor]

[141] Ibid., p. 13. [grifo do autor]

[142] Inúmeros comentadores [...] têm destacado as diferentes influências no pensamento de Bauman. Elas englobam autores como Marx, Gramsci, Adorno, Foucault, Levinas, Arendt, Baudrillard, Habermas, Derrida, Rorty, Simmel, Freud, Camus, Kafka, Dostoiévski, Kundera, Borges, entre outros talvez menos centrais na construção de seu pensamento. [ALMEIDA, F. Q.; GOMES, I. M.; B, V.. **Bauman & a educação.** Belo Horizonte: Autêntica Editora, 2009, p. 8. Coleção pensadores & educação.]

[143] ALMEIDA *et al*, 2009, p. 11.

2.1 Uma noção de identidade

A identidade é uma das palavras que vem ganhando mais espaço atualmente quando se refere à vida humana e o seu papel no meio em que vive. Se no passado a "arte da vida" consistia em encontrar os meios adequados para realizar os fins propostos, agora se trata em testar, um após o outro, todos (as inúmeras possibilidades) os fins de acordo com os meios que estão ao alcance. A sua construção é infindável, pois seus experimentos nunca terminam.[144] Quando o indivíduo assume uma, existem outras que estão aguardando a sua vez.

O homem como pessoa deve formar sua identidade usando-se desses parâmetros, se é que se pode argumentar. Nesse

> [...] mundo em que coisas deliberadamente instáveis são matérias-primas das identidades, que são necessariamente instáveis, é preciso estar constantemente em alerta; mas antes de tudo é preciso manter a própria flexibilidade e a velocidade de reajuste em relação aos padrões cambiantes do mundo "lá fora".[145]

Por mais que as pessoas se esforcem em construir uma identidade para si, dificilmente manterão a mesma por muito tempo. Sendo assim, talvez seja mais prudente portar as identidades como "[...] um leve manto pronto a ser despido a qualquer momento".[146] A liberdade de escolher uma identidade que esteja à disposição no mercado de consumo acaba sendo um valor em si mesmo. "As identidades flutuam no ar, algumas de nossa própria escolha, mas outras infladas e lançadas pelas pessoas em nossa volta, e é preciso estar em alerta constante para defender as primeiras em relação às últimas".[147]

As identidades que escapam dos padrões pré-estabelecidos de conduta de valores são estigmatizadas como as "diferentes", as "desagradáveis" e em potência um grande perigo ao conforto existencial da maioria. "Diga-me quais são os seus valores e eu lhes direi qual é a sua identidade",[148] comenta, ironicamente, Bauman. A massificação da cultura tem como objetivo anular as identidades discrepantes entre as pessoas, de maneira que todos pensem proximamente iguais, tenham os

---

[144] Cf. BAUMAN, 2006, p. 17.
[145] Id., 2001, p. 100. [grifo do autor]
[146] Id., 2005a, p. 36.
[147] Ibid., p.19.
[148] Id., 2006, p. 125.

mesmos costumes comportamentais e consumam as mesmas coisas. O diferente nesse contexto é visto como estranho, alguém que nem deve ser mencionado.

Apoiando-se no pensamento de Castoriadis, para Bauman não há uma oposição entre indivíduo e sociedade. As pessoas são construídas de acordo com a coletividade e o ambiente na qual se encontram inseridas. Ele é, portanto, a encarnação de suas instituições e de suas significações imaginárias sociais. "O indivíduo individuado cria um sentido para sua vida ao participar das significações criadas por sua sociedade, ao participar de sua criação, seja como "autor", seja como "receptor" (público) dessas significações".[149]

As identidades são definidas historicamente e não mais biologicamente. "O sujeito assume identidades diferentes em diferentes momentos, identidades que não são unificadas ao redor de um "eu" coerente".[150] A identidade como elemento de unificação, completude, segurança e coerência do indivíduo é fantasia.[151]

As interpretações sobre a identidade no contexto atual não são animadoras no quesito da unidade de seu pensamento e seu projeto de vida. Essa defesa utilizada costumeiramente implica traçar metas e seguir parâmetros. Não é isso o que a modernidade líquida apregoa. Tudo aquilo que cheira a velho e obsoleto é destinado a ficar para trás. Portanto, "[...] nenhuma ligação de alguma coisa que aconteça hoje deva se ligar ao amanhã".[152]

Bauman compara a formação da identidade como um jogo de quebra-cabeça. Quando alguém comprar um jogo desses em qualquer loja dc brinquedos, sabe que o produto deve vir completo e não faltar nenhuma peça. Caso apresente problemas, o quebra-cabeça pode ser trocado por outro ou recebe-se o dinheiro de volta. O jogo é previsível devido a existir uma racionalidade instrumental. Há um modelo e a certeza de que todas as peças se encaixam.[153] Na vida cotidiana a certeza de que tudo o que se projetou vai acontecer não é evidente. Dentre tantos paradigmas a serem seguidos, não sabe se cada postura adotada é a melhor possível satisfazendo suas necessidades.

---

[149] CASTORIADIS, C. **As encruzilhadas do labirinto IV:** a ascensão da insignificância. Trad. Maria Rosa Boaventura. Rio de Janeiro: Paz e Terra, 2002, p. 73. [grifo do autor]

[150] HALL, S. **A identidade cultural na pós modernidade.** Trad. Tomaz Tadeu da Silva e Guacira Lopes Louro. 10. ed. Rio de Janeiro: DP&A Editora, 1999, p. 13. [grifo do autor]

[151] Cf. HALL, 1999, p. 13-14.

[152] BAUMAN, Z. **Vidas desperdiçadas.** Trad. Carlos Alberto Medeiros. Rio de Janeiro: Jorge Zahar, 2005b, p. 112.

[153] Cf. Id., 2005a, p. 55.

2.2 A incerteza que propulsiona o medo

O medo ocorre quando o indivíduo não consegue prever ou ter certeza do que irá acontecer. É o ambiente da incerteza que caracteriza o homem em sua vida frágil na busca de algo que o identifique e seja reconhecido no meio em que vive. "Medo é o nome que damos a nossa incerteza: nossa ignorância da ameaça e do que deve ser feito – do que pode e do que não pode – para fazê-la parar ou enfrentá-la, se cessá-la estiver além do nosso alcance".[154]

O mundo líquido pós-moderno é o ambiente das incertezas e com essa afirmação tem-se uma certeza. Essa é uma das ambivalências da modernidade líquida, um paradoxo. Isso quer dizer que o amanhã não pode ser, não deve ser, não será como o hoje. Diariamente há um contínuo desaparecimento, sumiço, extinção e morte dos eventos.[155]

Realizando um comparativo dos indivíduos que já pisaram no planeta, a população dos países ricos e desenvolvidos do norte global é a mais segura da história da humanidade. Segundo as estatísticas, os perigos que ameaçam encurtar as vidas são em menor quantidade e mais espaçados do que eram no passado e do que em outras partes do planeta.[156] A ciência aliada à tecnologia pode prever, evitar e enfrentar os perigos que podem matar precocemente ou adoecer as pessoas.

> Todas as medidas objetivas concebíveis mostram uma ascensão aparentemente irrefreável da proteção que os homens e mulheres da parte "desenvolvida" do globo usufruem em todas as três frentes em que se travam as batalhas em defesa da vida humana: contra as forças superiores da natureza, contra a debilidade inata de nossos corpos e contra os perigos que emanam da agressão de outras pessoas.[157]

A segurança obtida pela civilização está aliada aos bens materiais que proporcionam o consumo para alguns. O domínio pela técnica visando domesticar ou amansar as forças naturais causou efeitos diferentes que não eram esperados em princípio. "Não são as montanhas e o mar, mas artefatos feitos por seres humanos e seus impenetráveis subprodutos e efeitos colaterais que exsudam os

---

[154] BAUMAN, Z. **Medo líquido.** Trad. Carlos Alberto Medeiros. Rio de Janeiro: Jorge Zahar, 2008, p. 8.

[155] Cf. BAUMAN, 2008, p. 13-14.

[156] Cf. Id., 1999a, p. 274-275.

[157] Id., op. cit., p. 168. [grifo do autor]

mais terríveis de nossos medos".[158] A geração mais tecnologicamente equipada da história humana é a mais afetada pelos sentimentos de insegurança e desamparo.[159] O indivíduo tem medo de perder o emprego, de ser aniquilado por um grande evento natural, da violência urbana, do terrorismo, de perder o amor do cônjuge, da exclusão, de ficar para trás.

> O mundo contemporâneo é um recipiente cheio até a borda de medo e frustração à solta que buscam desesperadamente válvulas de escape. A vida está supersaturada de sombrias apreensões e sinistras premonições, tanto mais assustadoras por sua não especificidade, por seus contornos imprecisos e raízes ocultas.[160]

Provavelmente quanto maior a liberdade, mais se evoca a segurança devido ao medo. "O mundo, por assim dizer, fundamenta esse sujeito na sua própria ausência de fundamento, permite sua liberdade de ação pela sua própria natureza gratuita".[161] Isso é uma das ambivalências do homem atual que procura satisfazer todas as suas necessidades, e ao mesmo tempo, reconhece que não pode experimentar todas as opções possíveis. Emerge sua insatisfação causada pelo medo de não saber se sua escolha é a melhor possível. Isso tem reflexo nas suas relações com outros indivíduos, no consumo excessivo, no individualismo exacerbado e na ausência de uma identidade definida.[162]

2.3 A vivência do individualismo

No momento de incerteza em que o homem vive, a "[...] identidade é um eu transitório".[163] Acrescenta-se que a vida é um cemitério de identidades, mortas ou assassinadas, devido a aparente infinidade de possibilidades tentadoras, sedutoras e inéditas a que o indivíduo é bombardeado. O indivíduo deve construir sozinho a si mesmo, embora o mesmo deva se responsabilizar pelas atitudes que o acabem privando a si mesmo.

> A incerteza do presente é uma poderosa força individualizadora. Ela divide em vez de unir, e como não há maneira de dizer quem

[158] BAUMAN, 2008, p. 124.
[159] Cf. Ibid, p. 132.
[160] Id., 2000, p. 22.
[161] EAGLETON, 1998, p. 49.
[162] Cf. BAUMAN, 1999a, p. 211-213.
[163] Id., 2000, p. 30.

> acordará no próximo dia em qual divisão, a idéia de "interesse comum" fica cada vez mais nebulosa e perde todo valor prático. Os medos, ansiedades e angústias contemporâneos são feitos para serem sofridos em solidão. Não se somam, não se acumulam numa "causa comum", não têm endereço específico, e muito menos óbvio.[164]

O individualismo não é algo novo, mas ganha acento na modernidade líquida com a falta de referência para a construção de sua identidade. O aspecto novo e inédito "[...] da diversidade dos nossos dias é a fraca, lenta e ineficiente institucionalização das diferenças e sua resultante intangibilidade, maleabilidade e curto período de vida".[165] É difícil seguir uma linha de pensamento por muito tempo e isso faz com que seja penoso unir-se a outros indivíduos, pois outras possibilidades podem ser deixadas de lado. O eixo da estratégia da vida pós-moderna com a identidade volátil não se fixando em nada é a força propulsora da individualidade.[166]

Na época líquido-moderna, em que o indivíduo livremente flutuante e desimpedido é visto como um herói popular, estar fixo e ser identificado de modo inflexível como um sólido é cada vez mais mal-visto.[167] Dentre muitas dessas escolhas que acabam construindo o individualismo refere-se ao estilo de vida:

> [...] nas condições da alta modernidade, não só seguimos estilos de vida, mas num importante sentido somos obrigados a fazê-lo – não temos escolha senão escolher. Um estilo de vida pode ser definido como um conjunto mais ou menos integrado de práticas que um indivíduo abraça, não só porque essas práticas preenchem necessidades utilitárias, mas porque forma material a uma narrativa particular da auto-identidade.[168]

Os materiais que formam a identidade não podem permanecer os mesmos por muito tempo. A reformulação e a mudança fazem parte do paradigma líquido em que a sociedade vive. A exaltação do homem com sua individualidade não é algo novo, foi expresso no Renascimento afirmando o antropocentrismo em relação ao teocentrismo. Pico della Mirandola em 1486 afirmava que "[...] nós podemos tornar-nos aquilo que queremos [...] O homem é todo-poderoso, se sua vontade for bastante forte. Pode criar-se a si próprio".[169]

---

[164] BAUMAN, 2001, p. 190. [grifo do autor] [sic]
[165] BAUMAN, Z. **O mal-estar da pós-modernidade.** Trad. Mauro Gama e Claudia Martinelli Gama. Rio de Janeiro: Jorge Zahar, 1998b, p. 155.
[166] Cf. BAUMAN, 1998b, p. 114.
[167] Cf. Ibid., p. 126.
[168] GIDDENS, 2002 p. 79. [sic]
[169] BAUMAN, op cit., p. 213.

Ser indivíduo exprime certa margem de liberdade de ação, margem que só se abre com a modernidade líquida. A modernidade sólida não podia trazer o problema da liberdade nos termos em que ela é formulada atualmente. A coerência com a comunidade tornava o problema da individualidade irrelevante.[170] Somente na contemporaneidade é que a liberdade individual se torna central e importante. Bauman conceitua individualização como o "[...] transformar a identidade humana de um "dado" em uma "tarefa" e encarregar os atores da responsabilidade de realizar essa tarefa e das conseqüências (assim como dos efeitos colaterais) de sua realização".[171]

Ressalta-se que, com o individualismo em alta, entra em cena o consumo para satisfazer suas necessidades. A ideia de coletivo soa absurda devido à possibilidade de negar a vontade pessoal em detrimento dos interesses da maioria. "Nesse sentido, é muito comum, em momentos de crise, ver cidadãos exaltados, com opiniões marcantes, fazendo passeatas raivosas e até movimentos desaforados, mas tudo isso se torna fugaz".[172] Sobressai quem é turista e não está preso a nada, seja uma instituição ou uma coletividade ideológica a qual pode cercear sua capacidade de escolha.

2.4 O homem modulado

Parece ambivalente falar no contexto da modernidade líquida sobre a modulação de um tipo de homem. É o que acontece quando os indivíduos são bombardeados por mecanismos ideológicos, entre eles, as campanhas de marketing para o consumo.[173] Para descrever esse novo tipo de indivíduo totalmente diferente do antigo, segue descrito pela metáfora da indústria moveleira comparando um guarda-roupa inteiriço de uma só peça e um armário modulado.

> O guarda-roupa antigo e outras peças da mobília costumavam ter uma forma definitiva, feita para ser sempre a mesma, impedindo qualquer mudança futura de tamanho ou estilo. [...] Com os móveis modulados não é assim: pode-se comprá-los aos poucos ou em pedaços ou módulos, aos quais poderão ser acrescentados outros

---

[170] Cf. BAUMAN, 2003, p. 69

[171] Id., 2001, p. 40. [grifo do autor] [sic]

[172] MENESES, I. Pelo fim da anestesia política. **Conhecimento prático**: filosofia, São Paulo, n. 16, p. 37, fev. 2010. ISSN 977-1808-8961-16.

[173] Cf. BAUMAN, 2008, p. 71.

> mais tarde. Pode-se também remontar e rearrumar indefinidamente as partes para compor móveis sempre diferentes, segundo a fantasia ou as novas circunstâncias. Exceto pelo tamanho da sala, não há limites para esses acréscimos e mudanças. Mas isso significa que o processo de acrescentar e remontar nunca é concluído: não há um ponto em que se possa dizer com certeza que o móvel modulado chegou à sua forma final.[174]

Mesmo num ambiente de incertezas, existem interesses para que o homem seja uma eterna construção até o momento de sua morte. O problema está em escolher o melhor padrão dentre muitos que estão atualmente em oferta. Os conjuntos comprados separadamente devem ser montados de forma não muito frouxa e nem muito apertada. Isso para que a colcha de retalhos (identidade) "[...] se desfaça de uma vez quando chegar a hora do desmantelamento, o que certamente acontecerá".[175]

Segundo Adorno, na indústria cultural tudo se transforma em negócio. Para ele, "[...] a indústria cultural só se importa com as pessoas enquanto empregados ou consumidores, não apenas adaptando seus produtos ao consumo, mas ditando o próprio consumo das massas".[176] A indústria transforma todos os seus produtos em mercadoria, visando o lucro obtido pelo consumo. O consumidor não é o rei como a indústria cultural defende; ele não é o sujeito desse mecanismo ideológico, mas seu objeto em potência de modulação.[177]

A liberdade do indivíduo com os mecanismos da mídia de massa refere-se à escolha entre o leque de possibilidades que é oferecido. O mesmo é livre desde que seja maleável frente às investidas dos modismos criados e desmontados dos meios de comunicação de massa.

> Esta insistência na não-fixidez, na liberdade de manobra, na prontidão para acrescentar e absorver novas experiências e novas ocasiões de prazer seja o que for que essas ocasiões venham a mostrar ser, adequa-se, em última análise, com a contingência essencial, e com o caracter episódico e fragmentado, "não-sistémico", da existência pós-moderna. [...] O traço mais vincado da "qualidade de vida" é existir sempre sob a forma de uma imagem, ao mesmo tempo que essa imagem se encontra em perpétua mudança.[178]

---

174 BAUMAN, 2000, p. 161.

175 Id, 2005b, p. 13.

176 ADORNO, T. A indústria cultural. In: COHN, G. (Org.). **Theodor Adorno.** São Paulo: Ática, 1986, p. 33. Coleção grandes cientistas sociais.

177 Cf. ADORNO, 1986, p. 33-34.

178 BAUMAN, Z. **A vida fragmentada**: ensaios sobre a moral pós-moderna. Trad. Miguel Serras Pereira. Lisboa: Relógio D' Água Editores, 1995, p. 86. [grifo do autor] [sic]

O protótipo do homem modulado deve ser provisório e não universalizante. Foi justamente isso que a modernidade líquida fez na formação da identidade dos indivíduos. É um processo contínuo e incessante.[179] Compara-se a um patinador em movimento numa fina camada de gelo. Sua vantagem consiste em nunca se fixar num ponto, mas manter o movimento constante para estar em pé na corrida da vida.

2.5 Política de exemplos

As referências do passado ainda estão disponíveis para serem usadas nos dias de hoje, mas nenhuma delas tem autoridade para se impor às pessoas na busca de referência. São muitas as possibilidades de identidade que podem ser usadas e jogadas fora sem ter muita durabilidade, assim como os copos descartáveis usados.[180] Entre muitas reivindicações de autoridade concorrentes não há um porta-voz confiável, resta

> [...] aceitar substitutos notoriamente não-confiáveis. Tentadoras ofertas alternativas de autoridade – notoriedade em lugar de regulação normativa, celebridades efêmeras e ídolos por um dia, e assuntos do momento igualmente voláteis extraídos das sombras e do silêncio por um holofote ou microfone nas mãos de um repórter de TV, e que se desvanecem da ribalta e das manchetes à velocidade de um raio – servem de sinalizadores móveis num mundo desprovido dos permanentes.[181]

Bauman comenta que no decorrer da história algumas pessoas ganharam notoriedade. Evidenciaram-se no passado os mártires e os heróis. Atualmente o mesmo acontece com as celebridades. Os mártires morriam buscando não cumprir os seus caprichos e vontades, mas defendendo seus valores e ideais ou lutando pela salvação eterna. Muitos foram incompreendidos pelos seus opositores e séculos depois foram reconhecidos como tal. Os heróis, por outro lado, são modernos – calculam perdas e ganhos, querem que seu sacrifício seja recompensado. Na modernidade líquida nem se fala em sacrifício ou uma luta por uma causa maior. Para as celebridades, o que interessa é a satisfação dos seus desejos, a admiração de todos, nem que seja por um instante.[182]

---

[179] Cf. BAUMAN, 1995, p. 128-129.
[180] Cf. Id., 2007b, p. 43.
[181] Ibid., p. 45.
[182] Cf. Ibid., p. 62-65.

Há um enfraquecimento do caráter e do sentido da existência como um projeto de vida a ser executado, segundo Sartre. Ele entendia que a vida do homem é lançar-se à frente construindo sua vida como um devir permanente. O sujeito é uma singularidade, mesmo condicionado historicamente. Caso abdique de sua liberdade em superar-se a si mesmo projetando-se, trai a sua existência.[183] A condenação do homem à sua liberdade gera uma angústia, mas essa angústia possibilita um novo olhar sobre o mundo não podendo fugir de si.

> A liberdade, sendo escolha, é mudança. Define-se pelo fim que projeta, ou seja pelo futuro que ela tem-de-ser. Mas, precisamente porque o futuro é o-estado que ainda-não-é daquilo que é, só pode ser concebido em estreita conexão com aquilo que é.[184]

A prática dos programas televisivos difere em muito do trabalho intelectual. "A da TV é guiada por índices de audiência e velocidade, mas a rapidez e a audiência de massa são inimigas do pensamento".[185] A comunicação com o grande público é instantânea na TV, mas seu conteúdo reside somente no fato de comunicar. Isso alimenta um pensamento instantâneo que mais parece um *fast food* intelectual. Na onda do momento, celebridades emitem opiniões que viram baluarte, nem que seja somente na duração do programa. O consumidor torna-se passivo, transformando seu poder aquisitivo de adaptar-se às ondas do momento como valor social.[186] O que interessa na indústria cultural é que os consumidores captem suas ideias e saiam adotando seu exemplo.

> Procurar exemplos, conselho e orientação é um vício: quanto mais se procura, mais se precisa e mais se sofre quando privado de novas doses da droga procurada. Como meio de aplacar a sede, todos os vícios são auto-destrutivos; destroem a possibilidade de se chegar à satisfação. Exemplos e receitas são atraentes enquanto não-testados. Mas dificilmente algum deles cumpre o que promete – virtualmente, cada um fica aquém da realização que dizia trazer. Mesmo que algum deles mostrasse funcionar do modo esperado, a satisfação não duraria muito, pois no mundo dos consumidores as possibilidades são infinitas, e o volume de objetivos sedutores à disposição nunca poderá ser exaurido.[187]

---

[183] Cf. REALE, G. ANTISERI, D. **História da filosofia**: de Nietzsche à escola de Frankfurt. Trad. Ivo Storniolo. v. 6. São Paulo: Paulus, 2006, p. 229-231.

[184] SARTRE, J. P. **O ser e o nada**: ensaio de ontologia fenomenológica. 7. ed. Trad. Paulo Perdigão. Rio de Janeiro: Vozes, 1997, p. 610.

[185] BAUMAN, 2000, p. 110.

[186] Cf. PERES, M. T. M.; TERCI, E. T. Revisitando a modernidade brasileira: nacionalismo e desenvolvimentismo. **Impulso:** revista de ciências sociais e humanas. Piracicaba, Editora UNIMEP, n. 29, v. 12, p. 150, 2001. ISSN 0103-7676.

[187] BAUMAN, 2001, p. 85-86.

A política de exemplos é algo que se aplica com eficácia no indivíduo modulado, que não deixa de ser um homem que consome. O único personagem que os praticantes do mercado podem e querem reconhecer e acolher é o *homo consumens*[188]: "[...] o solitário, auto-referente e auto-centrado comprador que adotou a busca pela melhor barganha como uma cura para a solidão e não conhece outra terapia".[189] Ele é o único capaz de manter a economia em movimento sem se questionar quais as influências que levam a seguir determinado exemplo e depois descartá-lo como se troca de roupa.

2.6 Vida instantânea como afirmação do presenteísmo

A capacidade de adaptar-se em qualquer ambiente no qual é inserido é propriedade dos líquidos. "Ao descrever os sólidos, podemos ignorar inteiramente o tempo; ao descrever os fluidos, deixar o tempo de fora seria um grave erro. Descrições de líquidos são fotos instantâneas, que precisam ser datadas".[190] A vida passa a ser fluida e instantânea, mantendo-se firme enquanto durarem os espetáculos. A ocasião determina o modo como o sujeito se comporta. "Vivem para sobreviver (tanto quanto possível) e para obter satisfação (o máximo possível). [...] Como o mundo não é sua terra natal nem sua propriedade, não vêem problema algum em explorá-lo a seu bel-prazer".[191]

A liquidez passa da modernidade para a vida do indivíduo. Isso não é nada estranho, pois o homem é influenciado pelo ambiente no qual está situado. Líquido-moderna é uma sociedade em que "[...] as condições sob as quais agem seus membros mudam num tempo mais curto do que aquele necessário para a consolidação, em hábitos e rotinas, das formas de agir".[192] A liquidez da vida e da sociedade caminham de mãos juntas. A vida líquida não pode manter a forma definida ou permanecer num curso por muito tempo. As mudanças são rápidas e não podem ser previstas como antigamente se fazia na modernidade sólida. É cada

[188] Bauman entende que o *homo sapiens sapiens* transformou-se no *homo consumens* na modernidade líquida. Sua sapiência torna-se limitada pelos mecanismos ideológicos de consumo. [Cf. BAUMAN, Z. **Amor líquido:** sobre a fragilidade dos laços humanos. Trad. Carlos Alberto Medeiros. Rio de Janeiro: Jorge Zahar, 2004, p. 30-34.]

[189] BAUMAN, 2004, p. 86. [sic]

[190] Id., 2001, p. 8.

[191] Id., 2007b, p. 14.

[192] Ibid., p. 7.

vez mais difícil fazer cálculos exatos, devido a suas variantes serem complexas e a confiabilidade não existir nos dados que são apresentados.

> Em suma: a vida líquida é uma vida precária, vivida em condições de incerteza constante. As preocupações mais intensas e obstinadas que assombram esse tipo de vida são os temores de ser pego tirando uma soneca, não conseguir acompanhar a rapidez dos eventos, ficar para trás, deixar passar as datas de vencimento, ficar sobrecarregado de bens agora indesejáveis, perder o momento que pede mudança e mudar de rumo antes de tomar um caminho sem volta.[193]

A vida líquida é uma infinitude de reinícios e o segredo consiste na capacidade de livrar-se das coisas como prioridade ao invés de adquiri-las. Não se deve estar apegado a nada que possa impedir na absorção das novas tendências que a sociedade apresenta a serem consumidas. "Vida líquida significa constante auto-exame, autocrítica e autocensura. A vida líquida alimenta a insatisfação do eu consigo mesmo".[194] Não estranha a falta de referência buscando no consumo e na política de exemplos para afirmar-se a si mesmo de maneira ininterrupta.

O pensamento imperante é o aqui e agora, importando somente o presente. Isso passou a ser chamado presenteísmo. O espaço-tempo passou por transformações na modernidade líquida. Pensar em longo prazo significa adotar um caminho dentre muitos e manter o mesmo por muito tempo, isto representa privação. "Uma vez que a infinidade de possibilidades esvaziou a infinitude do tempo de seu poder sedutor, a durabilidade perde sua atração e passa de um recurso a um risco".[195] A nova instantaneidade do tempo muda radicalmente o modo como o indivíduo convive. Isso muda o modo de conduzir sua vida cuidando ou não dos afazeres coletivos e como interfere no ambiente em que se situa.

> Qualquer oportunidade que não for aproveitada aqui e agora é uma oportunidade perdida; não a aproveitar é assim imperdoável e não há desculpa fácil para isso, e nem justificativa. Como os compromissos de hoje são obstáculos para as oportunidades de amanhã, quanto mais forem leves e superficiais, menor o risco de prejuízos. "Agora" é a palavra-chave da estratégia de vida, ao que quer que essa estratégia se aplique e independente do que mais possa sugerir.[196]

---

[193] BAUMAN, 2007b, p. 8.
[194] Ibid., p. 19. [sic]
[195] Id., 2001, p. 147.
[196] Ibid., p. 187. [grifo do autor]

A modernidade líquida tem preocupação com o hoje e como as coisas se encaixam no contexto vivido. A infinitude é o tempo presente protelado, esticado ao máximo. "O dia de hoje pode-se esticar para além de qualquer limite e acomodar tudo aquilo que um dia se almejou vivenciar apenas na plenitude do tempo".[197] O presenteísmo se expressa numa exploração intensificada de tudo aquilo que o presente pode oferecer. Não leva em consideração nenhuma perspectiva transcendente que pode remeter ao futuro. A orientação é imanentista acentuando demasiadamente o individualismo e a sua satisfação imediata.[198]

2.7 Buscando uma certeza existencial

A novidade da modernidade líquida não é a necessidade de agir em condições de incerteza parcial ou total, mas a pressão para desmantelar as instituições trabalhosamente construídas que visam dar segurança ao indivíduo.[199] Os agentes que possuem ação coletiva seguem o neoliberalismo para "[...] louvar como estado natural da humanidade as forças livres de mercado e o livre comércio, fontes primordiais da incerteza existencial".[200]

A instituição "família" (modelo tradicional nuclear) não se encontra nos seus melhores dias. Deixou de ser um porto seguro no qual o sujeito possa lançar âncora "[...] da própria existência vulnerável e sabiamente transitória".[201] Tão fácil montar quanto desmanchar e tão fácil criar como destruir, a família está deixando de ser a referência como ponte eterna entre aqueles que vivem e os seus antepassados.

Libertada da função reprodutiva, a união sexual não é mais uma porta para a perpetuidade, deixou de ser elo formador de comunidade e um caminho de saída para a solidão. A mesma passa a fazer parte como meio de satisfação das necessidades pessoais e sua duração acaba com um simples contrato quando uma das partes está descontente. Uma família criada para satisfazer a vontade dos cônjuges não pode ser um meio para amenizar o poder cruel e assustador da

---

[197] BAUMAN, 2007b, p. 15.

[198] Cf. CUGINI, P. Identidade, Afetividade e a Mudanças Relacionais na Modernidade Líquida na Teoria de Zygmunt Bauman. **Diálogos possíveis.** jan./ jun. 2008. p. 164-165. Disponível em: <http://www.faculdadesocial.edu.br/dialogospossiveis/artigos/12/artigo_10.pdf>. Acesso em: 03 mar. 2012.

[199] Cf. BAUMAN, 2001, p. 211.

[200] Id., 2000, p. 35.

[201] Ibid., p. 48.

mortalidade pessoal.[202] Para o indivíduo está difícil encontrar um abrigo para tornar seus esforços dignos de crédito.

> Os indivíduos incrédulos, para dar sentido ao que fazem e ao que vivem, vêem-se capturados em compulsões, depressões e ansiedades absorventes – psicopatologia como forma moderna da doença. Na verdade, o próprio termo "psico-patologia" significa, em grego, sofrimento da alma, mas o uso moderno trocou alma por personalidade, ego na verdade.[203]

A nação é um dos mecanismos modernos inventados para dar uma certeza de vida ao indivíduo. Combinou claramente necessidade e opção, imortalidade e vida mortal, duração e transitoriedade. Ganha cada vez mais força quando o sujeito abraça a nacionalidade para si e cultiva-a para os seus descendentes. Há a união da transcendência e da duração. "O absurdo da mortalidade individual não assombra mais, graças à imortalidade da nação para a qual contribuem todas as vidas mortais".[204] Para que isso ocorra, os cidadãos devem ter sua vida em vista à sobrevivência e bem-estar da nação, hoje descaracterizada de sentido pela globalização. O problema consiste em encontrar em nossos dias de celebridades, – a era dos heróis já se extinguiu – pessoas que queiram abraçar esse projeto por toda sua vida.[205] Embora a família e a nação encontrem-se frágeis, são duas alternativas que Bauman coloca como referência.

Os projetos de vida que merecem lealdade vitalícia, uma vez escolhidos, são mal acolhidos pela crítica e perderam a atração que exerciam. Não tem mais sentido a recomendação que Jean-Paul Sarte fazia sobre os projetos de vida como mecanismos de afirmação do indivíduo.

> O *projet de la vie* de Sartre era o equivalente secular do caminho da salvação, da vida como uma peregrinação à encruzilhada entre a graça e a maldição eternas – exceto que, em sua versão secular, a graça, a redenção e a salvação não tinham utilidade para uma vida no além-túmulo; na versão secular, tanto a peregrinação quanto seu destino final estavam totalmente inseridas e contidas na vida corpórea deste mundo.[206]

---

[202] Cf. BAUMAN, 2000, p. 48.
[203] CARROLL, [s.d.] apud Ibid., p. 48-49. [grifo do autor] [sic]
[204] Ibid., p. 43.
[205] Cf. Id., 2007b, p. 63.
[206] BAUMAN, Z. **A arte da vida.** Trad. Carlos Alberto Medeiros. Rio de Janeiro: Jorge Zahar, 2009, p. 104. [grifo do autor]

Nas duas versões, tanto a religiosa como a secular, a vida era uma peregrinação para um destino certo sendo possível obter instruções exatas de como chegar a ele. Sartre argumentava que em cada projeto havia um mapa com uma descrição detalhada do itinerário a ser percorrido. Em sua geração os mapas envelheciam lentamente e não raras vezes, gabavam-se de serem definitivos. Sartre estava inserido na mentalidade do mundo sólido, "[...] agora e para todo o sempre".[207]

Hoje não existe certeza do que irá acontecer amanhã devido ao marcante presenteísmo e a instabilidade das relações sociais. O importante é viver o que se tem agora em mãos, sem esperar nada. A certeza existencial está na vivência da oportunidade que o sujeito tem hoje à sua frente. "Percorres o teu caminho da grandeza; que seja, agora, a tua melhor coragem não teres mais nenhum caminho atrás de ti!".[208] O passado está no presente e o presente está carregado de futuro. Não tem sentido protelar para amanhã o que pode ser feito hoje e nem recorrer ao que já se obteve. No máximo deve-se utilizar suas experiências anteriores para não repetir o mesmo erro.

> Para cada um de nós, o conhecimento de que estamos aqui por pouco tempo e que um limite inegociável encerra o nosso tempo de vida pode ser mesmo necessário como incentivo para *enumerar os nossos dias e fazer com que contem.* É graças a esse conhecimento que cada um de nossos dias e que um dia não é – não pode ser, não se pode permitir que seja – o mesmo que os dias anteriores e os seguinte. A fertilidade, a criação, a imaginação, tudo isso só tem sentido no contexto da mortalidade; é esse contexto que faz valer a pena viver. E a "vida" aqui não é apenas a vida pessoal do indivíduo, mas a duração da espécie humana e de cada coletividade que perdure em seu meio.[209]

A mortalidade como complemento natural do nascimento é a fonte da renovação dos indivíduos que passam por essa existência. A juventude e o poder criacional da humanidade persistem livres ao envelhecimento humano. Tudo o que vive deve também morrer. O começo renovado surge com o preço do fim de algo anterior, essa é "[...] a garantia da humanidade contra a queda no tédio e na rotina, sua chance de manter a espontaneidade da vida".[210]

---

[207] BAUMAN, 2009, p. 105.

[208] NIETZSCHE, F. **Assim falou Zaratustra:** um livro para todos e para ninguém. Trad. Mário da Silva. 9. ed. Rio de Janeiro: Bertrand Brasil, 1998, p. 161.

[209] BAUMAN, 2000, p. 87-88. [grifo do autor]

[210] Ibid., p. 88.

Graças à morte, as sociedades mantém suas perspectivas de mudança em aberto. Novas soluções podem surgir e resolver os dilemas em que o homem se encontra, mesmo que não tenham longa duração. Não tem como elaborar uma solução cabal a partir dos indivíduos que são transitórios e mortais.[211] Bauman é otimista quanto à existência humana, sendo que essa situação de liquidez foi criada e também pode ser superada dando surgimento a outra realidade que hoje os olhos humanos ainda não vislumbram.

2.8 Projeção existencial como forma de perpetuar a vida

A maior descoberta feita pela espécie humana, descoberta que "[...] a tornou tão especial e sua paz de espírito, sua sensação de segurança, tão difícil de alcançar, foi a da fatalidade da morte, universal, inevitável, e intratável, a aguardar todos os indivíduos".[212] O homem é a única criatura viva que sabe que irá morrer e que não existe nenhuma alternativa para fugir da morte. Heidegger afirma que o homem tem um viver para a morte e todos vivem sob essa ameaça.

> A morte desvela-se como a possibilidade *mais própria, irremissível e insuperável*. Como tal, ela é um impendente *privilegiado*. Essa possibilidade existencial funda-se em que a *presença* está, essencialmente, aberta para si mesma e isso no modo de anteceder-a-si-mesma. Esse momento estrutural da cura [Sorge] possui sua concreção mais originária no ser-para-a- morte. O ser-para-o-fim torna-se, fenomenalmente, mais claro como ser-para essa possibilidade privilegiada da *presença*.[213]

O indivíduo sabe que é transitório e temporário. Com essa premissa imaginou uma existência perpétua, contrário da sua, sem começo e sem fim. A mesma é chamada de eternidade.[214] O sujeito se concebe como algo frágil diante da natureza que tem seu fluxo contínuo por séculos e séculos, ou seja, ele é insuficiente com seus próprios recursos ao seu alcance. Pascal descreve que

> [...] quando considero a breve duração de minha vida absorvida na eternidade que vem antes de depois... o pequeno espaço que ocupo e que vejo ser engolido pela infinita imensidão dos espaços de que

---

[211] Cf. BAUMAN, 2000, p. 88.
[212] Ibid., p. 39.
[213] HEIDEGGER, M. **Ser e tempo**. Trad. Márcia de Sá Cavalcante Schuback. Petrópolis: Vozes, 2006, p. 326, § 50. [grifo do autor]
[214] Cf. BAUMAN, 1998b, p. 192-193.

> nada sei e que nada sabem sobre mim, fico amedrontado e surpreso por me ver aqui e não ali, agora e não depois.[215]

Esse universo escapa à razão humana. O medo do desconhecido gera angústia e incerteza, sendo que isso não é concebido pela razão instrumental. Nessa lacuna entra o sagrado como "[...] um reflexo dessa experiência de desamparo".[216] Esse é o espaço da religião que fornece respostas e sentido para a vida terrena. Várias culturas em diversos locais do globo em diferentes contextos históricos tentaram estabelecer uma ponte entre a vida efêmera humana e a imortalidade do universo. "Todas as culturas humanas podem ser decodificadas como mecanismos engenhosos calculados para tornar suportável a vida com a consciência da morte".[217] Cada cultura tentou ser um alquimista transformando substâncias frágeis e comuns em metais preciosos capazes de resistir ao tempo e a corrosão. A modernidade líquida é uma geração que nasceu e viveu sem essa fórmula em mente.

A mente moderna não era necessariamente ateia. A guerra contra Deus, de que o mesmo não existe ou morreu, foi deixada para os radicais militantes. O que a mente moderna fez e com muita sutileza foi tornar Deus irrelevante para as questões práticas do cotidiano. A ciência visou resolver problemas e explicar a realidade sem recorrer ao transcendente com termos teológicos e metafísicos.[218] A autoridade do sagrado começa a esfacelar deixando de ter sentido assim como a eternidade e seus valores.

> Esse é, comprovadamente, o maior desafio que o "sagrado" já enfrentou em sua longa história. Não que agora nos consideremos auto-suficientes e onipotentes, tendo deixado de lado os sentimentos de inadequação, desamparo e falta de recursos. [...] Em vez disso, é porque fomos treinados com a finalidade de pararmos de nos preocupar com coisas que aparentemente estão muito além do nosso controle (e portanto também sobre coisas que se estendem para além de nosso tempo de vida) e concentrarmos as nossas atenções e energias em tarefas de acordo com o nosso alcance, a nossa competência e capacidade (individuais) de consumo.[219]

Fica evidente que a projeção existencial como forma de perpetuar a vida na mentalidade líquido-moderna consiste em esticar ao máximo a imanência, pois não

---

215 PASCAL, 1966 apud BAUMAN, 2005a, p. 78.
216 Ibid., loc. cit.
217 Id., 2008, p. 46.
218 Cf. Id., op. cit., p. 79.
219 Ibid., p. 80-81. [grifo do autor] [sic]

existe certeza empírica da transcendência. O indivíduo deve lutar e viver com o que tem em mãos, a vida. Mesmo que seja efêmera e frágil. Bauman argumenta que a religião transmite às pessoas "[...] uma confortável sensação de segurança a ser ganha e saboreada dentro dos muros altos e impenetráveis que isolam o caos reinante lá fora".[220]

O homem, apesar de eventual e passageiro, procura preservar sua singularidade e diferença diante de toda a multidão. Tenta evitar ser confundido com outros indivíduos e assim preserva sua própria *ipséité*.[221] Para preservar o nome e o rosto no futuro, após a morte, utiliza-se da fama como mecanismo para ser lembrado. Isso não é para todos, mas para alguns. São muitos que almejaram a fama e caíram no ostracismo das massas. "A imortalidade personalizada é uma proposta de expansão da vida, exigindo duros esforços para *deixar uma marca*: realizar feitos memoráveis".[222] É evidente que o mundo construído pelo homem para seu melhor bem-estar está "[...] salpicado pelas marcas e traços deixados pelos nossos esforços em escapar para a imortalidade".[223] Alguns conseguem em vida, destacando-se em uma área do conhecimento ou tomando atitudes inéditas; outros na morte, lutando por uma causa relevante em favor da humanidade.

Na vida instantânea em que o indivíduo vive, viver por uma causa é visto sob outra perspectiva, pois

> [...] velocidade, e não duração, é o que importa. Com a velocidade certa, pode-se consumir toda a eternidade do presente contínuo da vida terrena. [...] O truque é comprimir a eternidade de modo a poder ajustá-la, inteira, à duração de uma existência individual. A incerteza de uma vida mortal em um universo imortal foi finalmente resolvida: agora é possível parar de se preocupar com as coisas eternas sem perder as maravilhas da eternidade.[224]

No decorrer de toda a vida mortal é possível extrair tudo aquilo que a eternidade poderia oferecer. "Na verdade, a vida humana individual, apesar de ser muito curta, abominavelmente curta, é a única entidade da sociedade de agora que tem sua longevidade aumentada [...]"[225] em comparativo com as instituições que

---

[220] BAUMAN, 2005a, p. 93.
[221] Termo filosófico que significa aproximadamente "o poder de um sujeito pensante de representar a si mesmo independentemente das mudanças físicas e psicológicas que possa vir a sofrer ao longo da sua existência." [Id., 2008, p. 50.] [grifo do autor]
[222] Ibid., p. 53. [grifo do autor]
[223] Id., 1998b, p. 204.
[224] Id., 2007b, p. 15.
[225] MONTEIRO, 2009.

vem diminuindo sua durabilidade. Talvez não se possa acabar com a restrição temporal da vida mortal, mas pode-se tentar ou até retirar todos os limites das satisfações a serem vividas antes que se atinja o outro limite, o irremovível.

O corpo do indivíduo continua mortal e transitório, "[...] mas sua brevidade parece uma eternidade quando comparada à volatilidade e efemeridade de todos os quadros de referência, pontos de orientação, classificação e avaliação que a modernidade líquida põe e tira das vitrines e prateleiras".[226] Isso tem reflexo nos relacionamentos e na maneira como o homem administra sua vida nesse mar de incertezas.

2.9 A arte e a política da vida

Bauman usa o termo política-vida como mecanismo pelo qual as pessoas na sociedade líquido-moderna administram suas vidas. Dentro da administração de sua vida, o indivíduo busca "[...] um desejo profundo e insaciável de segurança, mas agir segundo esse desejo redunda em insegurança ainda maior e mais profunda".[227] As ambivalências da modernidade líquida também refletem na vida privada de cada um. As pessoas aprendem que, no decorrer de sua vida, só podem contar consigo mesmas, com sua própria vontade e determinação. Cada membro da sociedade deve procurar soluções particulares para os problemas sociais e os próprios, devido à ausência do papel do Estado e a individualização do ser humano.[228]

> Sem a crença num destino e propósito coletivos do todo social, são os indivíduos que devem, cada um por si, dar sentido à vida. Tarefa que já não era fácil nos melhores tempos, torna-se verdadeiramente desanimadora quando nenhum sentido pode contar com apoio seguro – pelo menos não o bastante para sobreviver ao esforço da própria adoção.[229]

O indivíduo deve tomar providências por si mesmo. Com essa premissa, o sujeito pode fazer de sua vida uma arte ou como ocorre na maioria das vezes, seguir um exemplo.[230] Na história da humanidade a vida particular tinha seu espaço reservado. Não é o que ocorre atualmente. Com os meios de comunicação em

---

[226] BAUMAN, 2001, p. 209.
[227] Id., 2000, p. 31.
[228] Cf. PALLARES-BURKE, 2004, p. 307-308.
[229] BAUMAN, op. cit., p. 76.
[230] Cf. Id., 2009, p. 63.

massa e a internet, as vidas passaram a ter maior abertura ao público e à especulação de indivíduos alheios ao seu modo de existir.

> Num mundo repleto de meios, mas notoriamente pouco claro sobre os fins, as lições retiradas dos programas de entrevistas respondem a uma demanda genuína e têm valor pragmático inegável, pois já sabemos que depende de nós mesmos fazer (e continuar a fazer) o melhor possível de nossas vidas; e como também sabemos que quaisquer recursos requeridos por tal empreendimento só podem ser procurados e encontrados entre nossas próprias habilidades, coragem e determinação, é vital saber como agem outras pessoas diante de desafios semelhantes. Podem ter descoberto estratagemas admiráveis que não percebemos; podem ter explorado partes da questão a que não demos atenção ou em que não nos aprofundamos o suficiente.[231]

É evidente o consumo dos exemplos colocados em público. O consumo perpassa todas as relações fazendo com que as pessoas gastem a maior parte de seu tempo e de esforços tentando ampliar os prazeres adquiridos. "A "política de vida", que contém a Política com "P" maiúsculo, assim como a natureza das relações interpessoais, tende a ser remodelada à semelhança dos meios e objetos de consumo e segundo as linhas sugeridas pela síndrome consumista".[232]

A vida humana é em si uma obra de arte que se constrói no cotidiano em sua singularidade apesar de se ter outras referências. As possibilidades e oportunidades oferecidas a cada um podem mudar radicalmente o rumo de sua existência. Bauman comenta que

> [...] para viver como exige a arte da vida, devemos, tal como qualquer outro tipo de artista, estabelecer desafios que são (pelo menos no momento em que estabelecidos) difíceis de confrontar diretamente; devemos escolher alvos que estão (ao menos no momento da escolha) muito além de nosso alcance, e padrões de excelência que, de modo perturbador, parecem permanecer teimosamente muito acima de nossa capacidade (pelo menos a já atingida) de harmonizar com o que quer que estejamos ou possamos estar fazendo. Precisamos *tentar o impossível.*[233]

Apesar da individualidade reinante e operante, todos dependem de todos devido às estruturas que regem a sociedade. Na tentativa do impossível há como estabelecer um ambiente mais propício à vida humana. Os homens podem decidir nadar juntos nos mares incertos da vida ou afogarem-se sozinhos. Surgem ideias de

---

[231] BAUMAN, 2001, p. 80.
[232] Id., 2007b, p. 109.
[233] Id., 2009, p. 30. [grifo do autor]

uma ética ecológica e de consenso.[234] "Pela primeira vez na história da humanidade o auto-interesse e os princípios éticos de respeito e atenção mútuos de todos os seres humanos apontam na mesma direção e exigem a mesma estratégia".[235] A globalização, de maldição pode se transformar numa bênção. O homem deve aproveitar essa oportunidade, pois não se sabe quando terá outra. A humanidade não está vivendo o fim da história, mas o limiar de uma transformação que atualmente é difícil conjeturar.

2.10 Crise cultural e moral

Nos estudos da antropologia tradicional, uma sociedade equivale-se a uma cultura. Deste ponto de vista "[...] a *cultura* aparece como *uma criada* da *estrutura social*, uma eficiente ferramenta da *administração de tensões* e da *manutenção de padrões*."[236] Com a liquidez da sociedade, a cultura e os valores passam pelo mesmo crivo. Cada indivíduo pode estar olhando em direções bem antagônicas e evitar os olhares uns dos outros, mas parecem estar encaixotados na mesma barca sem uma bússola confiável e ninguém controlando o leme.[237] Embora as tentativas de remar no mar das incertezas estejam longe de serem coordenadas, há uma semelhança no aspecto de que

> [...] hoje em dia todos os lados parecem estar lutando por valores eternos, universais e absolutos. Ironicamente, nós, os habitantes da parte líquido-moderna do planeta, somos estimulados e treinados a ignorar esses valores em nossas atividades cotidianas e a ser guiados por projetos de curto prazo e desejos de curta duração – mas mesmo então, ou talvez precisamente por isso, tendemos a sentir de modo ainda mais doloroso sua carência ou ausência [...].[238]

O homem procura solução para os perigos temidos como se fosse um medicamento a ser adquirido numa farmácia. Há aversão quando os efeitos não são rápidos, difíceis de atingir, exigindo um longo tempo para se ter os resultados esperados. "Ainda mais indignados ficamos diante de soluções que exijam atenção às nossas próprias falhas e iniqüidades, e que nos ordenem, ao estilo de Sócrates,

---

[234] Cf. BAUMAN, Z. **Ética pós-moderna.** Trad. João Rezende Costa. 2. ed. São Paulo: Paulus, 2003b, p. 240-241.
[235] Id., 2005a, p. 95. [sic]
[236] Id., 2007b, p. 77. [grifo do autor]
[237] Cf. Id., 2000, p. 144-145.
[238] Id., 2008, p. 149.

que *conheça-te a ti mesmo!*".[239] As mudanças desejadas que os indivíduos procuram são externas e não internas, ou seja, possam ser compradas e usadas sem o comprometimento do consumidor em arcar com as consequências.

Com a grande gama de informações (não conhecimentos) que os indivíduos são bombardeados diariamente, "[...] a cultura líquido-moderna não se percebe mais como uma cultura do aprendizado e do acúmulo, como as outras registradas nos relatos de historiadores e etnógrafos".[240] Evidencia-se uma cultura do desengajamento, da descontinuidade e da amnésia. Ela deixa de ser referência e passa a ser situacional.

> Todas as relações fixas, imobilizadas, com sua aura de idéias e opiniões veneráveis, são descartadas; todas as novas relações, recém-formadas, se tornam obsoletas antes que se ossifiquem. Tudo o que é sólido desmancha no ar, tudo o que é sagrado é profanado, e os homens são finalmente forçados a enfrentar com sentidos mais sóbrios suas reais condições de vida e sua relação com outros homens.[241]

Isso foi prefigurado por Marx no sentido que nada pode se solidificar por muito tempo. No devir histórico tudo está em constante dialética, a sociedade e tudo o que se refere a ela. Quem sempre sai ganhando é o capital.[242] Os valores antigos ganham etiqueta no mercado de consumo, são mercadorias postas em prateleiras. "Com isso, qualquer espécie de conduta humana se torna permissível no instante em que se mostre economicamente viável, tornando-se "valiosa"; tudo o que pagar bem terá livre curso. Eis aí a essência do niilismo moderno."[243]

Na vida em sociedade, o indivíduo precisa com mais frequência e urgência de conhecimento e capacidades morais do que de qualquer conhecimento das leis da natureza ou de capacidades técnicas nos atos cotidianos.[244] O homem não sabe onde consegui-los e quando aparecem não sabe se são confiáveis. "Nunca houve tanto poder ligado com tão pouca orientação para seu uso [...] Precisamos mais de sabedoria quando menos cremos nela".[245] Essa diferença entre a demanda e a

---

[239] BAUMAN, 2008, p. 149. [grifo do autor] [sic]

[240] Id., 2007b, p. 84.

[241] MARX, [s.d.] apud BERMAN, M. **Tudo que é sólido se desmancha no ar.** A aventura da modernidade. Trad. Carlos Felipe Moisés e Ana Maria L. Ioriatti. São Paulo: Companhia das Letras, 1986, p. 91. [sic]

[242] Cf. MARX, K. **Contribuição para a crítica da economia política.** 8. ed. Trad. Maria Helena Barreiro Alves. São Paulo: Edições Mandacaru Ltda., 1989, p. 13-15.

[243] BERMAN, 1986, p. 108. [grifo do autor]

[244] Cf. BAUMAN, 2003b, p. 23-24.

[245] JONAS, 1974 apud Ibid., p. 24.

oferta é que os escritores descreveram como crise ética da pós-modernidade no qual a sociedade está mergulhada.

Os instrumentos que os indivíduos estavam acostumados a usar – muitas vezes sem pensar neles, agindo no automático – com bons resultados parecem estranhos e não funcionam como antes. Portanto, é necessário descobrir as condições que permitiam seu funcionamento do passado e procurar restaurar. [246] Caso não der certo, mudam-se os instrumentos. A crise está justamente nesse período de desmantelação dos antigos valores até que se possa reafirmar os mesmos ou construir outros que se apliquem ao cotidiano.

2.11 A fragilidade dos laços humanos

O ambiente da incerteza na qual o indivíduo está situado também remete ao modo como o homem trata o outro. "As relações interpessoais, com tudo o que as acompanha – amor, parcerias, compromissos, direitos e deveres mutuamente reconhecidos –, são simultaneamente objetos de atração e apreensão, desejo e medo".[247] É evidente a ambiguidade presente, sendo que a incerteza e a ansiedade caminham lado a lado.

Dentro do ambiente líquido-moderno, a procura por vínculos sólidos e duradouros contribui para exacerbar a ansiedade. Os indivíduos buscam compulsivamente redes mais amplas de amizades e amigos. Novos nomes podem ser gravados no celular e cada vez mais tem maior capacidade de armazenar dados. "Os habitantes do mundo líquido-moderno, acostumados a praticar a arte da vida líquido-moderna, tendem a considerar a fuga do problema como uma aposta melhor do que enfrentá-lo".[248] Isso significa que os mecanismos de consumo e seus aparatos tecnológicos oferecem um refúgio para a problemática.

A individualidade tem importante papel na fragilidade dos laços humanos. O sujeito pode ter sua identidade isolada, mas o problema está no seu excesso, e é o que está em voga atualmente. O individualismo enfraqueceu os vínculos sociais que

---

[246] Cf. BAUMAN, 2000, p. 146-147.
[247] Id., 2005a, p. 68-69.
[248] Id., 2008, p. 94-95.

amarravam com força a totalidade das atividades da vida;[249] também contribuiu para que a comunidade perdesse o valor e a normatividade na vida de seus membros.

> O mercado agora atua como intermediário nas cansativas atividades de estabelecer e cortar relações interpessoais, aproximar e separar pessoas, conectá-las e desconectá-las, datá-las e deletá-las do diretório de texto. Altera as relações humanas no trabalho e no lar, no domínio público assim como nos mais íntimos domínios privados.[250]

Essa mentalidade mercadológica consumista perpassa a sociedade, a família, os filhos, as amizades, a cultura, a identidade e, também o pensamento. Dentro de uma família os filhos passam a serem considerados como despesa para o casal. Compara-se a "[...] um cheque em branco e assume-se a responsabilidade por tarefas desconhecidas e imprevisíveis".[251] Os filhos podem atrapalhar a vida futura dos pais gerando problemas ao invés de alegrias. Nesse caso não há como devolver os filhos ou trocá-los por outros tendo a garantia de receber o dinheiro investido neles de volta.

> Hoje há pouca receptividade prática nos dois principais setores da vida: amor e trabalho. Por um lado, diminuiu a crença no casamento e na família como essenciais à felicidade – e, com ela, enfraqueceram-se os rituais de entrada e os tecidos de apoio comunitário. Por outro lado, altos índices de desemprego entre os jovens e a crescente insegurança no trabalho aumentam a sensação de que a sociedade não precisa de você nem o quer. Se o único lar previsível é aquele em que fomos criados, ficamos presos entre duas alternativas: a eterna infância ou a morte.[252]

A infância não volta mais e o dia da morte é algo incerto, o que interessa é o presente que se tem em mãos. O amor nesse contexto passou por transformações. Passou a ser regido por cálculos quantitativos estatísticos. A moralidade líquida faz "[...] sempre da figura do outro como um estranho que só adquire importância quando se presta a satisfazer os nossos objetivos egoístas".[253]

Com a era da tecnologia a magia do amor foi desfeita. Por ter medo da proximidade do semelhante, o outro é visto como um estranho. Trocam-se as relações amorosas concretas por conexões virtuais. "Os usuários dos recursos de

---

[249] Cf. BAUMAN, 2009, p. 179.
[250] Id., 2007b, p. 116.
[251] Ibid., p. 137.
[252] CARROLL, [s.d.] apud Id., 2000, p. 75.
[253] BITENCOURTT, R. N. A estrutura simbólica da vida líquida em Zygmunt Bauman. **Argumentos:** revista de filosofia, Rio de Janeiro, a. 2, n. 4, p. 76-77, [s. m.] 2010.

namoro on-line podem namorar com segurança, protegidos por saberem que sempre podem retornar ao mercado para outra rodada de compras".[254] Caso a relação não tenha o resultado esperado, uma simples tecla pode finalizar o contato dessa pessoa. Na vida afetiva e moral isso é mais complicado, pois a relação envolve sua imagem perante seus conhecidos.[255]

Os indivíduos não querem sofrer nenhuma desilusão sentimental, ou seja, querem sempre sair ganhando não se importando com as consequências. "Nas relações íntimas, o medo de tornar-se dependente de outra pessoa é uma falta de confiança nela; em vez disso, prevalecem nossas defesas".[256] A mídia é um dos instrumentos que incentiva os homens a não se fixarem em ninguém e somente eternizarem o amor enquanto durar. Essa mentalidade de transformar o outro em objeto de desejo não é tão nova assim. Erich Fromm já dizia no século anterior que "[...] a pessoa não se preocupa com sua vida e felicidade, mas em tornar-se vendável".[257] Com o indivíduo nesse estado, ser modulado é fácil pelo mercado de consumo.

2.12 É possível falar em felicidade

Bauman compartilha a ideia de que a ciência deve proporcionar maior felicidade às pessoas ajudando-as a se desenvolverem e resolverem seus problemas. A ciência deveria levar as pessoas a construírem uma sociedade melhor com condições mais desejáveis e dignas "[...] a fim de ser "moderna", ou seja, mais humana e melhor estruturada para promover a felicidade e a dignidade humana".[258] Na sociedade líquido-moderna, muitas estatísticas elucidam a felicidade com o poder de compra das pessoas. Analisam o crescimento e o desenvolvimento da nação pelo Produto Interno Bruto (PIB), ou seja, tudo o que foi comprado e vendido anualmente.[259] Os indivíduos estão se tornando mais ricos, mas o mesmo não está acontecendo com sua satisfação.

---

[254] BAUMAN, 2004, p. 85.
[255] Cf. Ibid., p. 82-83.
[256] SENNETT, 2005, p. 167.
[257] FROMM, E. **Análise do homem.** Trad. Octávio Alves Velho. Rio de Janeiro: Jorge Zahar, 1983, p. 72.
[258] PALLARES-BURKE, 2004, p. 304. [grifo do autor]
[259] Cf. BAUMAN, 2009, p. 8-9.

> Observadores indicam que cerca de metade dos bens cruciais para a felicidade humana não tem preço de mercado nem pode ser adquirida em lojas. Qualquer que seja a sua condição em matéria de dinheiro e crédito, você não vai encontrar num *shopping* o amor e a amizade, os prazeres da vida doméstica, a satisfação que vem de cuidar dos entes queridos ou de ajudar um vizinho em dificuldade, a auto-estima proveniente do trabalho bem-feito, a satisfação do "instinto de artífice" comum a todos nós, o reconhecimento, a simpatia e o respeito dos colegas de trabalho e outras pessoas a quem nos associamos; você não encontrará lá proteção contra as ameaças de desrespeito, desprezo, afronta e humilhação.[260]

Não é essa a mentalidade que a mídia quer repassar. O homem pode acreditar – não é o mesmo que pensar – no que quiser, mas desde que consuma o que está sendo exposto nas vitrines. Bauman recomenda que cada um pense e reflita sua vida usando-se da razão. Como uma tentativa de centrar-se em si mesmo, Pascal comenta que "[...] não é no espaço que devo procurar minha dignidade humana, mas na organização do meu pensamento. Não me fará bem possuir terras. Pelo espaço o Universo me agarra e me engole como uma partícula; pelo pensamento sou eu que o agarro".[261] Na atualidade pragmática e consumista é difícil encontrar uma receita de felicidade que não passe pelas lojas.

> O discurso de Bauman apresenta de modo extremamente evidente a crueza da "vida líquida", mas, ao mesmo tempo, nos mune de uma via de superação da crise de valores que consome as qualidades da humanidade contemporânea. Sua consistência argumentativa se manifesta justamente na possibilidade de analisarmos o rumo existencial que escolhemos seguir na dita pós-modernidade e a capacidade de desenvolvermos uma orientação de vida mais sólida e substanciosa, mediante a valorização das diferenças existenciais com as quais interagimos em nossa existencia cotidiana.[262]

A felicidade faz parte da "Arte da Vida" e não da "Política da Vida". Não há exemplo a ser seguido, mas cada um constrói a si mesmo partindo de suas experiências de vida. "Se você modela a sua vida de acordo com a natureza, nunca será pobre; se de acordo com as opiniões das pessoas, nunca será rico."[263] O consumo baseia-se na opinião dos outros através de mecanismos ideológicos da indústria cultural, no qual o indivíduo torna-se alheio de seu pensamento. Seu bem estar consiste no poder de compra e em esticar ao máximo os breves momentos de prazer. Para resistir a isso é preciso nadar contra a correnteza.

---

[260] BAUMAN, 2009, p. 10. [grifo do autor]
[261] PASCAL, 1968 apud Ibid., p. 51-52.
[262] BITENCOURTT, 2010, p. 84. [grifo do autor] [sic]
[263] BAUMAN, op. cit., p. 46.

> Assim, não admira que os filósofos insistam em que são necessárias qualidades exclusivas, esparsamente outorgadas, como "mente nobre", conhecimento sólido e caráter forte (às vezes também nervos de aço) para resistir a essa tentação – e portanto recusar-se a se entregar.[264]

O indivíduo deve optar pelo justo-meio entre os extremos, algo que Aristóteles recomendou em sua ética. Isso não quer dizer uma média aritmética entre o excesso e a falta, mas o equilíbrio e a sobriedade diante das ocasiões que se apresentam. Não existe um modelo de felicidade para os indivíduos, Freud argumenta que "[...] no sentido moderado em que é admitida como possível, a felicidade constitui um problema da economia libidinal do indivíduo. Não há aqui, um conselho válido para todos; cada um tem que descobrir a sua maneira particular de ser feliz".[265] Bauman, em concordância com o pai da psicanálise, defende que a felicidade não se compra, não se encontra e não se acha pronta. "É algo que precisa ser sempre e novamente construído e reformado a cada dia, a cada hora; constantemente ressuscitado, reafirmado, servido e cuidado".[266] Existe a possibilidade da felicidade, que nunca terá um ponto final. Sua busca é criativa e não pode ser copiada.

No caminho à felicidade e ao prazer, o ser humano vai encarar logo à frente a dicotomia da segurança e da liberdade. São sentimentos inversamente proporcionais. Ou seja, caso prefira à segurança, terá de ceder espaço da liberdade e vice-versa. Freud argumentou essa ideia no livro "O Mal-Estar da Civilização" no início década de 30 do século XX e Bauman reforça a mesma na obra "O Mal-Estar da Pós-Modernidade" em 1998 adaptando-a ao novo cenário que a humanidade vivencia.[267]

---

[264] BAUMAN, 2009, p. 53.

[265] FREUD, S. **O mal-estar na civilização, novas conferências introdutórias à psicanálise e outros textos.** Trad. Paulo César de Souza. São Paulo: Companhia das Letras, 2010, p. 40-41.

[266] BAUMAN, op. cit. , p. 182.

[267] Cf. Id., 1998b, p. 7-9.

3 CONSUMO

O consumismo[268] é um conceito novo nos dicionários de ciências humanas, especialmente nos de filosofia. O termo começa a sair do âmbito estritamente econômico e sociológico ganhando um significado dentro da filosofia: quando o homem deixa de ser sujeito e passa a ser objeto na relação de compra e venda.[269] Anteriormente à primeira metade do século XVIII, época em que a Revolução Industrial começava a se propagar, poucas referências são encontradas sobre o consumo como é entendido atualmente.

> O consumidor estava virtualmente ausente do discurso do século XVIII. De modo significativo, só aparece em sete dos 150 mil trabalhos da coleção online sobre esse século – duas vezes como cliente privado, [...] uma como cliente que sofre com os altos preços dos comerciantes e [...] três em referência ao tempo ("o veloz consumidor de horas").[270]

O consumo era visto como um componente secundário, com pouca relevância para as teorias econômicas e menos ainda para a vida cotidiana concreta. Não aconteceu nenhuma mudança radical no século seguinte, apesar do aumento expressivo e bem documentado nas práticas de vendas, na publicidade e nas lojas.[271]

---

[268] Estilo de vida e comportamento típico da chamada "sociedade de consumo" industrial-capitalista mediante a qual os indivíduos, além de serem pressionados a consumir os produtos ou pseudobens anunciados pela publicidade, são permanentemente encorajados, por sofisticadas técnicas psicológicas de marketing, a consumir bens supérfluos com o objetivo exclusivo de aumentar os lucros do sistema capitalista e contribuir, assim, para sua reprodução. [JAPIASSÚ, H. MARCONDES, D. **Dicionário básico de filosofia.** 4. ed. Rio de Janeiro: Jorge Zahar, 2006, p. 55.] [grifo do autor]

[269] Cf. MOULIAN, T. **El consumo me consume.** Santiago (Chile): LOM Ediciones, 1999, p. 32.

[270] TRENTMANN, [s.d.] apud BAUMAN, Z. **Vida para consumo**: a transformação das pessoas em mercadoria. Trad. Carlos Alberto Medeiros. Rio de Janeiro: Jorge Zahar, 2008b, p. 71. [grifo do autor]

[271] Cf. BAUMAN, 2008b, p. 71-72.

No início do século XX, mais precisamente em 1910, a 11ª edição da Enciclopédia Britânica achou necessário colocar um curto verbete sobre o consumo "[...] definido como desperdício no sentido físico ou como um 'termo técnico' de economia referente à destruição de empresas públicas".[272]

Não há nada desligado das estruturas econômicas vigentes. A tese do fetichismo da mercadoria de Marx também é conhecida como alienação. Com base nessa tese, objetos tornam-se sujeitos e as pessoas viram objetos, acontecendo uma inversão radical de valores. Portanto, o homem foi sendo coisificado cada vez mais no capitalismo.[273]

Está arraigado na sociedade atual que tudo o que o ser humano produz é algo vendável ou apresentável com o intuito de obter proveito próprio. O homem tenta passar uma imagem de desejo a outras pessoas como se fosse uma mercadoria à venda em uma loja.[274]

O consumo e sua relação com o ser humano na modernidade líquida não acontece de forma unidimensional. Há muitas facetas a serem consideradas. Se pudéssemos comparar as teorias que trabalham o consumo numa visão crítica e filosófica, Bauman teria uma das facas mais afiadas usando a linguagem de cozinha.

> Tente manejá-la sem se cortar, e você sempre acabará com um dedo ferido e com sangue pingando sobre as cebolas – você jamais chegará a seu núcleo, porque simplesmente não há núcleo. Os estruturalistas franceses e o autor polonês têm isso em comum: eles conseguem fazer com que as intricadas camadas da história e a saga da filosofia ocidental se assemelhem a cebolas.[275]

O consumo em si não tem um núcleo, mas sim várias estruturas que servem para que o mesmo se perpetue continuamente. Para elaborar uma visão coesa dos consumidores e de suas estratégias de vida, deve-se "[...] reconhecer que esses mercados estão necessariamente incrustados em complexas matrizes políticas e culturais que conferem aos atos de consumo sua ressonância e importância específicas".[276]

---

[272] BAUMAN, 2008b, p. 72. [grifo do autor]

[273] Cf. MONDIN, B. **Curso de filosofia**: os filósofos do Ocidente. v. 3, 5. ed. São Paulo: Paulinas, 1987, p. 101-102.

[274] Cf. FROMM, 1983, p. 72.

[275] MADRAZZO, 2010 apud BAUMAN, Z. **Vida a crédito**: conversas com Citlali Rovirosa-Madrazo. Trad. Alexandre Wernek. Rio de Janeiro: Jorge Zahar, 2010a, p. 18.

[276] Id., 2008b, p. 34.

O processo acontece de forma sutil, a ponto de o homem nem perceber o quanto é modelado à racionalização da modernidade líquida. "O consumo, pelo fato de possuir um sentido, é uma atividade de manipulação sistemática de signos".[277] Entra aí o papel das forças econômicas que determinam e direcionam as escolhas dos consumidores visando seu proveito. Nesse jogo de interesses, o Estado vem sendo capitalizado e tendenciado pelos grupos econômicos a propagar o estilo consumista de viver aos seus cidadãos.[278]

"Quando o Estado reconhece a prioridade e superioridade das leis do mercado sobre as leis da pólis, o cidadão transforma-se em consumidor".[279] Ele torna-se cada vez mais individualista pensando em seus próprios ganhos, enquanto aceita cada vez menos a necessidade de participar no governo do Estado. Aumenta a distância entre o ideal de democracia e a sua versão real existente. O que interessa ao cidadão é o consumo próprio, sendo que o mundo se reduz a uma gigantesca loja de departamentos com prateleiras cheias das mais variadas ofertas.[280]

3.1 De uma sociedade de produtores à de consumidores

Na modernidade sólida as pessoas eram direcionadas a estudarem e trabalharem visando construir um projeto de vida. Essa era a sociedade tradicional de produtores concatenada ao trabalho segundo o modelo racionalista de Weber. Foi ele que "[...] mostró la vinculación del ascetismo puritano con la emergencia del capitalismo".[281] O trabalho executado pelo trabalhador era fundamental para construir uma sociedade de produtores, no qual cada um tinha um papel bem determinado.[282] As estruturas sociais eram sólidas e delimitadas.

> El trabajo de cada hombre asseguraba su sustento; pero el tipo de trabajo realizado definía el lugar al que podía aspirar (o que podia reclamar), tanto entre sus vecinos como en esa totalidade imaginada llamada "sociedad". El trabajo era el principal factor de ubicación

---

[277] BAUDRILLARD, J. **O sistema dos objetos**. Trad. de Zulmira Ribeiro Tavares. São Paulo: Perspectiva, 1993, p. 206.

[278] Cf. CHESNEAUX, 1995, p. 77-78.

[279] BAUMAN, 2000, p.159.

[280] Cf. Id., 2005a, p. 103

[281] [...] apresentou a vinculação do ascetismo puritano com o surgimento do capitalismo. MOULIAN, 1999, p. 14. [tradução nossa]

[282] Cf. SELL, 2006, p. 93-94.

> social y evaluación individual. Salvo para quienes, por su riqueza heredada o adquirida, combinaban una vida de ócio con la autossuficiência, la pregunta "Quién es usted" se respondia con el nombre de la empresa en la que se trabajava y el cargo que se ocupaba.[283]

A importância recaía sobre o que o sujeito poderia contribuir para a sociedade com seu trabalho. O foco estava na produção. Atualmente, o que interessa é que as pessoas consumam.[284] Na verdade ocorre uma nova inversão copernicana, alterando radicalmente o modelo que impulsiona a sociedade. O elo principal não está mais na origem da cadeia produtiva, mas no final dela.

> As diferenças são tão profundas e multiformes que justificam plenamente falar da nossa sociedade como sendo de um tipo distinto e separado — uma sociedade de consumo. O consumidor em uma sociedade de consumo é uma criatura acentuadamente diferente dos consumidores de quaisquer outras sociedades até aqui. Se os nossos ancestrais filósofos, poetas e pregadores morais refletiram se o homem trabalha para viver ou vive para trabalhar, o dilema sobre o qual mais se cogita hoje em dia é se é necessário consumir para viver ou se o homem vive para poder consumir. Isto é, se ainda somos capazes e sentimos a necessidade de distinguir aquele que vive daquele que consome.[285]

Numa sociedade de consumo o homem é considerado como portador de identidade somente quando é útil aos mecanismos de consumo portando-se como comprador em potencial. Os exemplos de vida são as celebridades, não os heróis e mártires.[286] O consumidor não deve fazer sacrifício de necessidades imediatas pensando objetivos a ser cumpridos em longo prazo e nem pensar em sacrificar satisfações individuais em nome de uma causa ou bem estar comum. "Em suma, a sociedade de consumo líquido-moderna despreza os ideais do 'longo prazo' e da 'totalidade'".[287]

---

[283] O trabalho de cada homem assegurava o seu sustento; mas o tipo de trabalho realizado definia o lugar que poderia aspirar (ou o que poderia reclamar), tanto entre seus vizinhos como nessa totalidade chamada "sociedade". O trabalho era o principal fator de localização social e avaliação individual. Exceto para quem, por sua riqueza herdada ou adquirida, combinava uma vida de ócio e de autossuficiência, a pergunta "Quem é você" se respondia com o nome da empresa em que trabalhava e o cargo que ocupava. [BAUMAN, Z. **Trabajo, consumismo y nuevos pobres.** Trad. Victoria de los Angeles Boschiroli. Barcelona: Editorial Gedisa, 2000b, p. 34.] [grifo do autor] [tradução nossa]

[284] Cf. BAUMAN, 2000b, p. 40.

[285] BAUMAN, Z. **Ser consumidor numa sociedade de consumo.** [s. l.], [s. d], p. 01-02. Disponível em: < http://www.4shared.com/document/mgf3RHez/Ser_Consumidor_numa_Sociedade_.htm>. Acesso em: 12 mar. 2012.

[286] Cf. Id., 2007b, p. 63.

[287] Ibid., loc. cit. [grifo do autor]

A síndrome consumista que a modernidade líquida adotou como modelo tirou a ideia de duração, promoveu a instantaneidade e colocou o valor da novidade acima do valor da permanência. Esse novo modelo "[...] consiste antes de tudo na negação enfática da virtude da procrastinação, e da adequação e conveniência de retardar a satisfação – os dois pilares axiológicos da sociedade de produtores governada pela síndrome produtivista".[288]

O questionamento que se evidencia sobre o consumo atualmente é que o mesmo foi redimensionado passando de uma ideia de compra de mercadoria e serviços tornando-se o elemento de novas relações sociais, principalmente, no âmbito cultural.[289] No contexto atual em que o ser humano se insere

> [...] ninguém pode se tornar sujeito sem primeiro virar mercadoria, e ninguém pode manter segura sua subjetividade sem reanimar, ressuscitar e recarregar de maneira perpétua as capacidades esperadas e exigidas de uma mercadoria vendável. A "subjetividade" do "sujeito", e a maior parte daquilo que essa subjetividade possibilita ao sujeito atingir, concentra-se num esforço sem fim para ela própria se tornar, e permanecer, uma mercadoria vendável. A característica mais proeminente da sociedade de consumidores – ainda que cuidadosamente disfarçada e encoberta – é *a transformação dos consumidores em mercadorias*.[290]

O sonho dos consumidores é tornar-se agradável no mercado das pessoas. Para isso elas devem destacar-se diante da massa uniforme usando tecnologias que o mercado consumidor oferece. É uma estrutura que se retroalimenta. Na sociedade contemporânea "[...] a centralidade não se encontra propriamente no dinheiro, e sim no seu uso, no ato de consumo, se hoje o dinheiro é tão importante é porque apenas através dele podemos nos realizar no consumo de bens".[291] Na sociedade de produtores as pessoas eram valorizadas pelo papel que desempenhavam e seu desempenho financeiro era um prêmio para medir o valor e a dignidade delas segundo sua produção. No novo modelo consumista imediatista o que interessa é sua capacidade de consumir mesmo que não se tenham grandes rendimentos.[292]

A forma de planejar e organizar a vida na modernidade líquida é antagônica à da modernidade sólida. As relações devem ser estabelecidas em curto prazo

---

[288] BAUMAN, 2007b, p. 110.
[289] Cf. BARBOSA, L. **Sociedade de consumo.** Rio de Janeiro: Jorge Zahar, 2004, p. 18-19.
[290] BAUMAN, 2008b, p. 20. [grifo do autor]
[291] MOCELLIN, A. Simmel e Bauman: modernidade e individualização. **Revista EmTese**, Florianópolis, v. 4, n. 1, p. 110, ago./dez. 2007. ISSN 1806-5023.
[292] Cf. BAUMAN, op. cit., p. 40-41.

aproveitando as chances que a vida oferece, abandonando as anteriores como quem troca de roupa. A sociedade de consumidores se estrutura pela "[...] marca da insaciabilidade, da constante insatisfação, onde uma necessidade preliminarmente satisfeita gera quase automaticamente outra necessidade, num ciclo que não se esgota".[293] Planejamentos para a vida toda parecem ridículos, pois eles sacrificam os desejos momentâneos em vista de algo posterior no futuro.

3.2 O fim da procrastinação

A procrastinação é conhecida como o processo de adiar o início ou o término de uma tarefa. Na sociedade de produtores, privar de algo no presente tendo em vista um retorno maior no futuro, era um valor defendido por Weber como um certo padrão moral na obra "Ética Protestante e o Espírito do Capitalismo".[294] Com o modelo de racionalização de vida, a ascese e sacrifícios eram necessários visando obter benefícios no futuro. Essa mentalidade implicava em planejamento, futuro e disciplina. Weber "[...] via no consumo uma ameaça à ética capitalista protestante. Esta favorecia a frugalidade, o conforto básico, não os luxos e desejos".[295] A ideia de poupança, uma das forças propulsoras da modernidade sólida, tem como fundamento a procrastinação. Hoje essa ideia cede lugar ao cartão de crédito com outra filosofia ancorando seu uso.[296]

Na concepção líquido-moderna a procrastinação é algo ruim, não se deve deixar nada para amanhã o que pode ser feito agora. Com a lógica do aqui e agora esticados ao máximo, adiar necessidades e desejos é deixar de viver. Bauman entende que a procrastinação

> [...] não é uma questão de displicência, indolência ou lassidão; é uma posição *ativa*, uma tentativa de assumir o controle da seqüência de eventos e fazê-la diferente do que seria caso se ficasse dócil e não se resistisse. Procrastinar é manipular as possibilidades da presença

---

[293] RETONDAR, A. M. A (re) construção do indivíduo: a sociedade de consumo como "contexto social" de produção de subjetividades. **Sociedade e estado**, Brasília, v. 23, n. 1, p. 138, jan./abr. 2008. Disponível em: <http://www.scielo.br/pdf/se/v23n1/a06v23n1.pdf>. Acesso em: 02 abr. 2012.

[294] Cf. SENEETT, 2008, p. 73-75.

[295] BARBOSA, Lívia; CAMPBELL, Colin. O estudo do consumo nas ciências sociais contemporâneas. In BARBOSA, Lívia; CAMPBELL, Colin (Org.). **Cultura, consumo e identidade.** Rio de Janeiro: Editora FGV, 2006, p. 35.

[296] Cf. BAUMAN, 2005b, 137.

> de uma coisa, deixando, atrasando e adiando seu estar presente, mantendo-o à distância e transferindo sua imediatez.[297]

Com essa postura adotada, o autor vê com cautela o que a sociedade de consumidores e a modernidade líquida estão jogando fora. A procrastinação permite colocar o investimento acima do lucro, a poupança acima do gasto, o trabalho acima do consumo, de modo a valorizar um tipo de comportamento em que poupar é melhor que gastar. Consequentemente, "[...] a necessidade de esperar magnifica os poderes sedutores do prêmio".[298] Na sociedade líquido-moderna o sentido positivo da procrastinação foi negado em virtude da síndrome consumista. Com efeito, quando a espera é retirada do querer e o querer da espera, "[...] a capacidade de consumo dos consumidores pode ser esticada muito além dos limites estabelecidos por quaisquer necessidades naturais ou adquiridas".[299]

O consumo sempre esteve presente na história humana, pois para sobreviver o homem utilizava-se de objetos em seu entorno.[300] Com o fim da procrastinação, o consumo adquire um novo sentido tornando-se a mola propulsora da sociedade. O ser humano passa a ser modelado pelo consumo e depender dele para sobreviver. Algo semelhante aconteceu com o homem nos primórdios da civilização quando dominou o fogo e aprendeu o manejo do ferro. Suas atividades não poderiam ser feitas sem essa nova tecnologia que oferecia facilidade e vantagem em relação aos inimigos.

> O consumo moderno foi a causa e a consequência de tantas mudanças sociais que sua emergência marcou nada menos que a transformação do mundo ocidental. Como sugeriu um historiador, o aparecimento da "revolução do consumo" rivaliza apenas com a revolução neolítica no que toca à profundidade com que ambas mudaram a sociedade.[301]

Chega-se ao ponto de que a única certeza que o ser humano vai ter nessa vida é que terá que consumir. Há uma nova maneira de viver a vida. "O sentido que o homem moderno possui de si mesmo e da história 'vem a ser na verdade um instinto apto a tudo, um gosto e uma disposição por tudo'".[302] Os lucros que eram

---

[297] BAUMAN, 2001, p. 179. [grifo do autor] [sic]
[298] Ibid., p. 181.
[299] Id., 1999b, p. 89.
[300] Cf. MOULIAN, 1999, p. 9.
[301] MCCRACKEN, G. **Cultura e consumo:** novas abordagens ao caráter simbólico dos bens e das atividades de consumo. Rio de Janeiro: Mauad, 2003, p. 21. [grifo do autor]
[302] BERMAN, 1986, p. 21. [grifo do autor]

advindos da exploração do trabalho dos assalariados na modernidade sólida passam a ser oriundos da exploração dos desejos de consumo na modernidade líquida. Isso acontece negando a procrastinação ou entendendo que ela é uma ideia ultrapassada aliada à modernidade sólida. "A principal mensagem dos mercados consumidores, plena e verdadeiramente sua metamensagem, é a indignidade de todo e qualquer desconforto e inconveniente".[303] O que o consumidor procura são atalhos e o mínimo esforço possível para estar satisfeito olhando as possibilidades e oportunidades que estão ao seu alcance nas lojas e catálogos. Isso sem nenhum comprometimento duradouro em sua vida.

3.3 Possibilidade e oportunidade

Com o advento do consumo muitas possibilidades e oportunidades são colocadas diante dos consumidores. A vida passa a ser uma eterna escolha, sendo que sempre fica a insegurança de não se ter aproveitado a melhor oportunidade.

> Tudo ou quase tudo em nosso mundo está sempre em mudança: as modas que seguimos e os objetos que despertam nossa atenção (uma atenção, aliás, em constante mudança de foco, que hoje se afasta das coisas e dos acontecimentos que nos atraíam ontem, que amanhã se distanciará das coisas e acontecimentos que nos instigam hoje); as coisas que sonhamos e que tememos, aquelas que desejamos e odiamos, as que nos enchem de esperanças e as que nos enchem de aflição.[304]

O mundo líquido moderno sempre surpreende as pessoas. O que hoje parece correto e apropriado, amanhã pode se tornar fantasioso e descartável. Isso é algo presente na mentalidade dos consumidores quando atuam no cenário social, devem estar prontos a mudar e serem flexíveis.[305] Dessa ansiedade e incerteza advém o grande consumo de informações.

"Na vida 'agorista' dos cidadãos da era consumista o motivo da pressa é, em parte, o impulso de *adquirir* e *juntar*. Mas o motivo mais premente que torna a pressa de fato imperativa é a necessidade de *descartar* e *substituir*".[306] O agora estendido ao máximo requer o abandono de bagagens e compromissos assumidos que

---

[303] BAUMAN, 2010a, p. 193.
[304] BAUMAN, Z. **44 Cartas do mundo líquido moderno.** Trad. Vera Pereira. Rio de Janeiro: Jorge Zahar, 2011a, p. 7.
[305] Cf. BAUMAN, 2011a, p 8.
[306] Id., 2008b, p. 50. [grifo do autor]

impeçam de assumir novas oportunidades, embora possivelmente após pouco tempo de emprego tenha que desfazer-se das mesmas.

Na modernidade líquida, tanto a solidez das coisas quanto a solidez das relações humanas, vêm sendo interpretadas como ameaças: "[...] qualquer juramento de fidelidade, compromissos a longo prazo, prenunciam um futuro sobrecarregado de vínculos que limitam a liberdade de movimento".[307] A lógica é não se prender a nada, assumir um compromisso para a vida toda é um absurdo. Parâmetros escolhidos como diferenciais e de honra no dia de hoje, podem transformar-se em pouco tempo em deficiência ou motivo de vergonha.[308]

A normalidade da vida dos consumidores é ter chance de poder escolher inúmeras variedades de oportunidades, sensações prazerosas e ricas experiências que o mundo oferece.

> Una "vida feliz" es aquella en la que todas las oportunidades se aprovechan, dejando passar muy pocas o ninguna; se aprovechan las oportunidade de las que más se habla y, por lo tanto, las más codiciadas; y no se las aprovecha después de los demás sino, em lo posible, antes.[309]

O tempo na modernidade líquida não é cíclico e nem linear, como acostumava ser interpretado nas antigas cosmovisões. O tempo é pontilhista.[310] A ideia de continuidade e consistência deixa de fazer sentido, pois estava atrelada à mentalidade sólida. Na sociedade de consumidores prepondera a profusão de rupturas e descontinuidades. Esse modelo de tempo é apressado, sendo a demora e prudência um empecilho. Oportunidades deixadas de lado não podem ser recuperadas, são únicas e pontuais. "A escolha do consumidor é hoje um valor em si mesmo; a ação de escolher é mais importante que a coisa escolhida, e as situações

---

[307] PORCHEDDU, A. Zygmunt Bauman: entrevista sobre a educação. Desafios pedagógicos e modernidade líquida. Trad. Neide Luzia de Rezende e Marcello Bulgarelli. **Espaço plural:** cadernos de pesquisa, [s. l.], v. 39, n. 137, p. 662, maio/ago. 2009.

[308] Cf. PORCHEDDU, 2009, p. 663-664.

[309] Uma "vida feliz" é aquela em que todas as oportunidades se aproveitam, deixando passar pouquíssimas ou nenhuma; aproveitar a oportunidade mais falada e, portanto, a mais cobiçada; e se não aproveitar entre as demais, é possível, que já usufruiu algo semelhante antes. [BAUMAN, 2000b, p. 64.] [grifo do autor] [tradução nossa]

[310] O tempo pontilhista é fragmentado, ou mesmo pulverizado, numa multiplicidade de "instantes eternos" – eventos, incidentes, acidentes, aventuras, episódios –, mônadas contidas em si mesmas, parcelas distintas, cada qual reduzida a um ponto cada vez mais próximo de seu ideal geométrico de não-dimensionalidade. [Id., 2008b, p. 46.] [grifo do autor]

são elogiadas ou censuradas, aproveitadas ou ressentidas, dependendo da gama de escolhas que exibem".[311]

O esforço para compreender esse mundo em constante mudança é uma luta. Os arranjos da vida contemporânea são suscetíveis a se manterem proteus[312] e caleidoscópicos. Não há uma única linha a ser seguida, mas aquelas que o cotidiano oferece. A vida do consumidor não se refere à aquisição e à posse, nem livrar-se de coisas para adquirir outras, mas a estar sempre em movimento.[313] É algo muito mais abrangente gerando uma dialética constante entre fixidez e liquidez.

3.4 Além do conceito de comprar

A ideia de comprar – na modernidade líquida – não fica restrita no campo econômico quando os consumidores vão às lojas e satisfazem seus desejos. Se comprar significa analisar as possibilidades, examinar e manusear os bens à mostra, comparar os custos com o dinheiro do bolso ou com o crédito existente do cartão, vai-se às compras na rua, em casa, no trabalho, no lazer, acordados ou em sonhos. "O que quer que façamos e qualquer que seja o nome que atribuamos à nossa atividade, é como ir às compras, uma atividade feita nos padrões de ir às compras".[314] O código impresso da política de vida dos consumidores deriva da pragmática do comprar.

O comprar envolve a satisfação e a necessidade, assim como, o entrelaçamento entre esses conceitos. A "[...] não-satisfação dos desejos e a crença firme e eterna de que cada ato visando a satisfazê-los deixa muito a desejar e pode ser aperfeiçoado [...]"[315] são os norteadores da economia de consumo que tem por alvo o indivíduo. Nas relações de consumo nossa

> [...] "liberdade" é exercida exclusivamente para escolher entre possíveis que outros instituíram e conceberam. Ficamos sem o

---

[311] BAUMAN, 2001, p. 102-103.

[312] Desde a Ética Pós-Moderna (1993), Bauman recorre várias vezes ao mito grego de Proteu para cunhar termos relacionados à ideia de algo ser capaz de assumir diferentes formas (ele chega a falar, por exemplo, em uma proteofobia). A metáfora vem do nome do filho de dois titãs, que tinha o poder da premonição e o usava para atrair os homens, mas, diante deles, tomava sempre outra forma, podendo assumir a que desejasse. [Cf. BAUMAN, Z. **A ética é possível num mundo de consumidores?** Trad. Alexandre Werneck. Rio de Janeiro: Jorge Zahar, 2011b, p. 15.]

[313] Cf. Id., 2008b, p. 126.

[314] Id., 2001, p. 87.

[315] Id., 2007b, p. 106.

direito de participar da construção dos mundos, de formular problemas e de inventar soluções, a não ser no interior de alternativas já estabelecidas.[316]

O ato de compra já é um modo de formar as pessoas e produzir uma cultura. A formação é individual e em massa, ao mesmo tempo, não deixando outra possibilidade. A compra é algo individual que se cumpre saciando desejos, mas ao mesmo tempo emergindo novas possibilidades. O consumo e a compra coletiva não existem. [317] Os consumidores podem até se reunir para comprar, mas o ato em si é uma experiência individual que vai moldando sua "identidade consumista".[318] A busca pelo novo nas compras é evidente na mentalidade agorista. O bem ou o serviço

> [...] produzido e ofertado em ritmo acelerado e incessante, ao invés de resistência, na era moderna, o novo não amedronta. Ao contrário, a novidade provoca mais e mais desejo no consumidor, de modo que ele guarda ou se desfaz daquilo que até então o agradava para se lançar em novas aquisições, sem jamais estar satisfeito.[319]

Os desejos, para os mercados consumidores, se equiparam às terras virgens para os agricultores. É um ímã, uma promessa de expansão rápida e profusa de riquezas novas e praticamente mais fáceis de obter. Esta é, aliás, uma prática comum para as indústrias médica e farmacêutica: "[...] uma vez reclassificadas como patológicas, as condições humanas antes não comercializadas (e, portanto não lucrativas) transformam-se em territórios de exploração potencial (ou seja, mais rentáveis)".[320] Bauman serve-se de uma pesquisa feita na Inglaterra no Natal de 2002 para afirmar que o desejo de comprar é criado virtualmente com necessidades psicológicas segundo o impulso do momento.

> Três em cada cinco pessoas entrevistadas pelos pesquisadores da Publicis admitiram que ficaram devendo por terem comprado coisas que depois se arrependeram; um em cada três admitiu comprar

---

[316] LAZZARATO, M. **As revoluções do capitalismo.** Rio de Janeiro: Civilização Brasileira, 2006, p. 101-102. [grifo do autor]

[317] Cf. BAUMAN, 2000b, p. 53-54.

[318] Identidade consumista é ancorada na cultura de consumo no qual se preconiza o ter. O dinheiro define as pessoas, muito mais que seus conhecimentos intelectuais ou suas virtudes morais. Na sociedade de consumidores, o mérito é medido exponencialmente pelo dinheiro, o prestígio se organiza em torno a ele, a autoestima vincula-se a essa potencialidade e na capacidade de compra. [Cf. MOULIAN, 1999, p. 33.]

[319] LIMA, D. N. O. **Consumo – uma perspectiva antropológica.** Petrópolis: Vozes, 2010, p. 34.

[320] BAUMAN, 2010a, 194.

> coisas acima de suas posses. Achavam impossível resistir à tentação.[321] [grifo do autor]

O consumo não é um valor universal para a satisfação das necessidades das pessoas. Há uma ambivalência no ato de consumir e comprar. No ato de compra não se encerra definitivamente todas as necessidades, mas emergem outras.[322] Isso foi uma ideologia criada pela sociedade de consumidores que nem era considerada na sociedade de produtores. Baudrillard resume isso colocando o seguinte aforismo: "Era uma vez um homem que vivia na Raridade. Depois de muitas aventuras e de longa viagem através da Ciência Econômica, encontrou a Sociedade da Abundância. Casaram-se e tiveram muitas necessidades".[323]

A lógica do consumo provoca a ilusão de que a realização de seus desejos significa a sua realização como indivíduo na sociedade. A compra não deixa de ter um efeito dominó. Com a aquisição de um bem ou serviço são necessários outros que corroborem ou ofereçam suporte. É uma teia de encadeamentos que não termina.[324] Nesse cenário pode-se falar de um novo projeto de vida, o do consumo. Ele segue fielmente os parâmetros da modernidade líquida.

3.5 Projeto de vida consumista

Falar em projeto de vida na modernidade líquida para o homem instantâneo situado num tempo pontilhado[325] não é tarefa fácil, mas com o consumo tudo se resolve. A orientação dos novos consumidores inicia-se bem cedo. As crianças, desde o nascimento, são bombardeadas com informações no intuito de convertê-las em ótimos compradores potenciais no futuro. "Tão logo aprendem a ler, ou talvez bem antes, a dependência das compras se estabelece nas crianças. [...] Numa sociedade de consumidores, todo mundo precisa ser, deve ser e tem que ser um consumidor por vocação".[326]

---

[321] BAUMAN, 2005b, p. 136.
[322] Cf. Ibid., 137-138.
[323] BAUDRILLARD, J. **A sociedade de consumo**. Trad. Artur Mourão. Rio de Janeiro, Elfos, 1995, p. 68.
[324] Cf. BAUMAN, 2001, p. 103.
[325] Uma forma de vivenciar a passagem do tempo que não é nem cíclica e nem linear, um tempo sem seta, sem direção, dissipado numa infinidade de momentos, cada um deles episódico, fechado e curto, apenas frouxamente conectado com o momento anterior ou o seguinte, numa sucessão caótica. [MONTEIRO, 2009.]
[326] BAUMAN, 2008b, p. 73.

Um projeto de vida sólido baseia-se no consumo. As pessoas devem escolher dentre várias alternativas existentes no mercado como se fossem livres, mas são na verdade tendenciadas pela política de exemplos. "O que os especialistas discutem como bom ou mau serve apenas para perpetuar a aparência de competição e amplitude de escolha".[327] O indivíduo diante de um projeto de vida pautado na luta pela sua singularidade diante da multidão utiliza-se de seu potencial de compra e na sua capacidade de reciclar-se a si mesmo. Cada escolha efetuada significa assumir um compromisso financeiro, mesmo que não se tenham garantias para isso.

> Vivemos a crédito: nenhuma geração passada foi tão endividada quanto a nossa – individual e coletivamente. [...] Por que esperar se você pode saborear as alegrias futuras aqui e agora? Reconhecidamente, o futuro está fora do nosso controle. Mas o cartão de crédito, magicamente, traz esse futuro irritantemente evasivo direto para você, que pode consumir o futuro, por assim dizer, por antecipação – enquanto ainda resta algo para ser consumido... Parece ser essa a atração latente da vida a crédito, cujo benefício manifesto, a se acreditar nos comerciais, é puramente utilitário: proporcionar prazer.[328]

O prazer imediato deve ser satisfeito sem se preocupar com os custos posteriores. As empresas de cartões de crédito nem fazem questão que o devedor quite sua dívida na integralidade. Caso fizessem isso deixariam de serem seus clientes. "E são justamente os débitos (os juros cobrados mensalmente) que os credores modernos e benevolentes (além de muito engenhosos) resolveram e conseguiram transformar na principal fonte de lucros constantes".[329] A pessoa que paga prontamente às dívidas contraídas passa a ser o pesadelo dos credores. Isso porque nesses consumidores persiste a ideologia antiga da modernidade sólida envolvendo a racionalidade e o planejamento dos gastos.

A vida a crédito passa a ser o novo modelo de vida do homem contemporâneo. De acordo com seus gastos, o mesmo ganha um lugar de destaque na sociedade. "O povo se auto-realiza no seu conforto; encontra sua alma em seus automóveis, seus conjuntos estereofônicos, suas casas, suas cozinhas equipadas".[330] É óbvio que nem todos têm potencial consumidor como exige a

[327] ADORNO & HORKHEIMEIER, 1979 apud BAUMAN, 2000, p. 81.
[328] Id., 2008, p. 16.
[329] Id., 2010b, p. 14.
[330] PRASS, 1964 apud BERMAN, 1986, p. 27. [sic]

sociedade líquido-moderna. A vantagem está com os turistas. "Para os pobres da sociedade de consumidores, não adotar o modelo de vida consumista significa o estigma e a exclusão, enquanto abraçá-lo prenuncia mais a pobreza do que impede a chegada dela".[331]

O projeto de vida consumista está baseado nas necessidades. A insatisfação com o presente faz com que as pessoas sejam também impacientes com suas vidas.[332] Querem adquirir e consumir agora, não adiando em nada os seus desejos. Nos indivíduos

> [...] observa-se uma infinidade de fenômenos sinônimos [...] de excesso e de descontrole de si: *fashion victims*, compras compulsivas, superendividamento das famílias, "fanáticos" por jogos de vídeo, ciberdependentes, toxicomanias, práticas viciosas de todo tipo, anarquia dos comportamentos alimentares, bulimias e obesidades. [...] Assim, somos testemunhas de todo um conjunto de comportamentos desestruturados, de consumos patológicos e compulsivos.[333]

O consumo acaba consumindo os indivíduos. O sujeito vai se coisificando na relação de compra que nem se acaba percebendo. Suas dívidas acabam transformando-o numa engrenagem na maquinaria do consumo, sendo que depois de colocada para funcionar dificilmente se pode parar.[334] É um sistema que se retroalimenta, prendendo o consumidor aos ditames mercadológicos. Salienta-se que nem todos se enquadram nesse paradigma, alguns falharam e estão à margem.

3.6 Consumidores falhos

Os consumidores falhos são as vidas humanas que não se enquadraram no projeto de vida consumista. Eles não aderiram a esse processo por não serem inseridos corretamente ou pelo fato de a sua racionalidade estar fundamentada na modernidade sólida. "Hoje avançamos não tanto pelo aprendizado cumulativo e contínuo, mas por uma mistura de esquecimento e lembrança".[335] Os consumidores baseados na sociedade de produtores contrastam com essa prerrogativa, sendo por

---

[331] BAUMAN, 2008b, p. 176.
[332] Cf. Ibid., p. 173-174.
[333] LIPOVETSKY, G. **A Felicidade paradoxal**: ensaio sobre a sociedade de hiperconsumo. Trad. Maria Lúcia Machado. São Paulo: Companhia das Letras, 2007, p. 126-127. [grifo do autor]
[334] Cf. BAUMAN, op. cit., p. 177.
[335] BAUMAN, Z. **Ensaios sobre o conceito de cultura.** Trad. Carlos Alberto Medeiros. Rio de Janeiro: Jorge Zahar, 2012, p. 8.

isso alvos difíceis da cultura consumista. A exclusão do consumismo por falta de recursos financeiros não significa a falha, mas o descarte.[336]

O consumo não deixa de ser uma forma de selecionar vidas humanas. Os bancos de dados eletrônicos são uma visão ciberespacial do panóptico. "A armazenagem de quantidades maciças de dados, ampliadas a cada uso de um cartão de crédito e virtualmente a cada ato de compra, resulta, [...] num 'superpanóptico' da vigilância".[337] A diferença encontra-se em que os próprios vigiados oferecem informações voluntariamente de si mesmos. Exemplos dessa prática são as compras de cartão de crédito ou débito, a circulação de dados pela internet e as redes sociais que não deixam de seu um mecanismo de confissão e exposição pública. As empresas

> [...] precisam de uma forma de alimentar o banco de dados com o tipo de informação capaz, acima de tudo, de rejeitar os "consumidores falhos" – essas ervas daninhas do jardim do consumo, pessoas sem dinheiro, cartões de crédito e/ou entusiasmo por compras, e imunes aos afagos do marketing. Assim, como resultado da seleção negativa, só jogadores ávidos e ricos teriam a permissão de permanecer no jogo do consumo.[338]

Nesse contexto entram os sistemas de informação de marketing. Define-se como "[...] um conjunto de fontes e procedimentos por meio do qual os administradores recebem informações diárias sobre o que acontece no ambiente externo à empresa".[339] Seu principal objetivo é coletar informações para que o marketing seja certeiro e direcionado ao consumidor em potencial evitando perder esforços com aqueles que não irão comprar. Nessas estatísticas "[...] juntamente com a linha de produção de consumidores felizes, há outra, menos intensamente anunciada, [...] daqueles desqualificados, simultaneamente, do banquete do consumo e da corrida pela individualização".[340]

Os indivíduos que não participam do banquete do consumo e de sua individualização, são chamados pela modernidade líquida de consumidores falhos ou fracassados. Suas vidas acabam tendo o mesmo destino das mercadorias que passaram de seu prazo de validade.

---

[336] Cf. BAUMAN, 2010a, p. 154.
[337] Id., 1999b, p. 57. [grifo do autor]
[338] Id., 2008b, p. 11. [grifo do autor]
[339] KOTLER, P. **Marketing para o século XXI:** como conquistar e dominar mercados. São Paulo: Futura, 2002, p. 100.
[340] BAUMAN, 2007b, p. 38.

> Diferentemente das pessoas indolentes da sociedade dos produtores, as pessoas fracassadas pelos atuais padrões da *bios* (uma vida diferente da *zoe*, ou puramente animal) não são "casos médicos", candidatos ao tratamento e à reabilitação, temporariamente desafortunados, mas destinados a ser, mais cedo ou mais tarde, reassimilados e readmitidos na sociedade. São plena e verdadeiramente inúteis – restos redundantes, supérfluos, de uma sociedade que se reconstitui como uma sociedade de consumidores. Nada têm a oferecer, seja agora ou num futuro próximo, à economia orientada para o consumidor.[341]

Essas vidas humanas não estão dentro do jogo do consumo. São peças fora de lugar que devem ser retiradas para que não se tornem um peso para as outras que constituem o quebra-cabeça da cultura consumista. "Os consumidores falhos são seus passivos mais fatigantes e dispendiosos".[342] Alguns desses consumidores falhos devem ser eliminados e outros colocados como exemplo negativo. Os primeiros são os indivíduos que apesar das políticas de marketing não fizeram do consumo seu projeto de vida. Os últimos são aqueles que sofrem as consequências maléficas do fracasso que não têm nada a oferecer. Ninguém quer possuir uma mercadoria ou pessoa que não tenha nada para oferecer.[343]

> Numa sociedade de consumidores – um mundo que avalia qualquer pessoa e qualquer coisa por seu valor como mercadoria – são pessoas sem valor de mercado; são homens e mulheres não-comodificados, e seu fracasso em obter o status de mercadoria autêntica coincide com (na verdade deriva de) seu insucesso em se engajar numa atividade de consumo plenamente desenvolvida.[344]

A falta de sorte das vidas humanas na modernidade líquida é a sua eliminação das estatísticas e dos dados que venham a contribuir com a sociedade. Nesta perspectiva, a capacidade de consumir implicaria na existência dum novo homem/cidadão[345]. A "falha" dos indivíduos e sua exclusão como cidadão consistiria em não aceitar a ideologia e a cultura de consumo ou não ter capacidade financeira de acompanhá-la.

---

[341] BAUMAN, 2007b, p. 132. [grifo do autor]

[342] Id., 2010a, p. 155.

[343] Cf. Id., 1998b, p. 24-27.

[344] Id., 2008b, p. 157-158.

[345] Entre o binômio indivíduo-necessidade (satisfação dos direitos humanos) foi incorporado um terceiro elemento, o valor. Se não há valor, não há consumo. Se não há valor, não há realização de necessidades humanas nem desenvolvimento social. Atinge-se um estágio em que poder consumir significa poder ser cidadão. [Cf. WUNDERLICH, A. sociedade de consumo e globalização: abordando a teoria garantista na barbárie. In: CARVALHO, S. & WUNDERLICH, A. (Orgs.). **Diálogos sobre a justiça dialogal**: teses e antíteses sobre os processos de informalização e privatização da justiça penal. Rio de Janeiro: Lumen Juris, 2002, p. 22-23.]

3.7 Cultura de consumo

O consumo é a característica marcante na modernidade líquida. Para que o mesmo seja difundido há a corroboração de uma ideologia que o fundamente. Na história, no capitalismo de consumo evidenciam-se três fases.[346] Na estruturação da modernidade líquida que ocorre no final do século XX e início do XXI, o consumo se afirma como condição '*sine qua non*' para que o indivíduo seja reconhecido na sociedade e perante os seus iguais. Isso ocorre sendo que o ser humano nem se dá conta que está sendo coisificado.[347]

> La deseabilidad del consumo es alimentada por el circuito motivador del hedonismo. [...] Tanto la propaganda como el discurso ideológico de la modernidad invitan a consumir. La propaganda seduce, glorifica los productos, ensalza las oportunidades. La ideología explica la moralidad del consumir y lo presenta como el acto pleno de la modernidad ya que constituye el acceso a la felicidad de la época, confort y entretención.[348]

As mudanças ocorridas nas últimas duas décadas talvez "[...] possam ser atribuídas à descoberta do mecanismo auto perpetuador e auto reprodutor do que agora passou a ser conhecido como cultura do consumidor".[349] A cultura de consumo se distingue de qualquer outra expressão cultural pala "[...] reconstrução das relações humanas a partir do padrão, e à semelhança, das relações entre os consumidores e os objetos de consumo".[350] Isso é possível graças aos "[...]

---

[346] Segundo Lipovetsky: a primeira, entre os anos de 1880 e a segunda guerra mundial, que se constituiu pela transformação dos mercados de consumo visando uma produção em larga escala, denominado por ele como "mercados de massa". A segunda, entre os anos de 1950 e 1980, foi marcada pela regulamentação e racionalização da economia através do modelo fordista, considerada pelo autor como a fase de "superabundância" e ostentação na aquisição de bens duráveis. A última, iniciada a partir dos anos de 1980, é marcada pela predominância de um turboconsumo no qual o que está em foco é o fetiche da subjetividade, transformando o consumismo em um modo central pelo qual as experiências são adquiridas. Nesse sentido, o autor atenta para o adensamento de um consumo hedonístico e juvenil, em que o prazer momentâneo torna-se a principal estratégia de venda, recondicionando, em consequência, a experiência de viver o tempo. [CAMINHA, M. A Vida para o Consumo: sujeitos como mercadoria. **Revista contracampo.** Niterói, n. 20, p. 207, ago. 2009, semestral.] [grifo do autor] [sic]

[347] Cf. BAUMAN, 2009, p. 149.

[348] A desejabilidade do consumo é alimentada por um sistema motivador do hedonismo. [...] Tanto a propaganda com o discurso ideológico da modernidade convidam a consumir. A propaganda seduz, glorifica os produtos e realça as oportunidades. A ideologia explica a moralidade do consumir e o apresenta como um ato pleno da modernidade já que constitui o acesso a felicidade da época, conforto e entretenimento. [MOULIAN, 1999, p. 21.] [tradução nossa]

[349] BAUMAN, Z. **Legisladores e intérpretes:** sobre modernidade, pós-modernidade e intelectuais. Trad. Renato Aguiar. Rio de Janeiro: Jorge Zahar, 2010c, p. 221.

[350] Id., 2008b, p. 19.

princípios universais e verdades absolutas [...]"[351] serem deixados de lado para que o homem possa ser livre. A verdade passa a ser situacional e relativa a narrativas individuais, pois "[...] a falta de valores absolutos torna todos os outros valores intercambiáveis, assim como a ausência de um acordo em torno de um padrão-ouro faz todas as moedas do mundo valerem o mesmo".[352]

Bauman recorre à sociedade de massa que foi elucidada no marxismo revisionista da Escola de Frankfurt para ajudar a descrever o fenômeno do consumo. Com a indústria cultural a serviço do capitalismo parasitário ocorre "[...] a perda de autonomia do consumidor, acrescida da reificação da cultura através da descaracterização de produtos eruditos e populares. A massa perde sua condição de sujeito para ser transformada em objeto".[353] Não existe mais a relação democrática consumidor e produtor com a monopolização do poder da indústria cultural. A cultura da escolha é aparente e tendenciada ao que o mercado deseja que o indivíduo consumisse. As reflexões de Marx a esse respeito mostram que

> [...] a classe que dispõe dos meios de produção material dispõe igualmente dos meios de produção intelectual, de tal modo que o pensamento daqueles a quem são recusados os meios de produção intelectual está submetido igualmente à classe dominante.[354]

A incessante busca pelo lucro acaba transformando a cultura em uma mercadoria, em ideologia do capital.[355] O reflexo disso é o consumo arbitrário impulsionado pelos mecanismos de comunicação e formação de opinião. A síndrome consumista tem aversão às coisas que não possam ser trocadas facilmente e aos compromissos estabelecidos em longo prazo. Ela envolve velocidade, excesso e desperdício. Na cultura de consumo tem-se

> [...] "seres humanos sincrônicos", que "vivem apenas no presente" e "não dão atenção à experiência passada ou às consequências futuras das ações", estratégia que "se traduz na ausência de vínculos com os outros". A "cultura presentista [...] recompensa a velocidade e a eficácia, mas não favorece a paciência nem a perseverança".[356]

---

[351] BAUMAN, Z. **Vida em fragmentos.** Trad. Alexandre Werneck. Rio de Janeiro: Jorge Zahar, 2011c, p. 15.
[352] Id., 2011a, p. 16.
[353] CALDAS, W. **Temas da cultura de massa:** música, futebol, consumo. São Paulo: Editora Arte & Ciência, 2000, p. 43.
[354] MARX, K. & ENGELS, F. **A ideologia alemã.** Trad. Luis Cláudio de Castro e Costa. Lisboa: Presença,1975, v. 1, p. 56.
[355] Cf. CALDAS, op. cit., p. 48.
[356] BAUMAN, 2008b, p. 135-136. [grifo do autor]

O mercado é uma instância central e as relações de inclusão e exclusão são determinadas pelas suas regras. O consumo orienta, sustenta e redimensiona as mediações sociais. Devido a isso, pode-se falar em cultura do consumo "[...] porque possui uma dimensão simbólica e pedagógica, atuando na 'administração do espírito'".[357] Os objetos podem circular nesse contexto como marcadores de conjuntos particulares de papéis sociais, ou seja, o valor simbólico dos produtos ultrapassa seu valor de uso.

É evidente que o capitalismo fomenta o consumo. A cultura de consumo não é compatível com a regulação política do consumo, ela é ambivalente pois

> [...] o consumismo explora simultaneamente a crise de identidade em massa ao declarar que seus bens são soluções para os problemas de identidade e, nesse processo, intensifica a crise, oferecendo valores e forma de ser cada vez mais plurais. A cultura do consumo vive e alimenta-se das deficiências culturais da modernidade.[358]

Featherstone entende que a cultura de consumo é regida por três linhas distintas: a econômica, a sociológica e a psicológica. A primeira baseia-se na expansão da produção capitalista de mercadorias, utilizando-se do conceito de compra e venda. A segunda vertente entende o consumo como meio das pessoas criarem vínculos ou estabelecer distinções sociais. A última consiste nos prazeres emocionais do consumo que atuam nos sonhos e desejos, produzindo diversos tipos de excitação física e prazeres estéticos.[359]

Bauman se faz valer dessas três linhas para inserir o assunto na filosofia, sendo que o sujeito é transformado em objeto na relação de consumo. A cultura midiática, publicitária e de consumo que acaba "[...] reduzindo tudo à mercadoria a economia produtivista coisifica o homem para endeusar os produtos".[360] A atividade de consumir passa a determinar o modo das pessoas encararem suas atividades e relações cotidianas. Isso "[...] talvez não seja surpreendente que a metafísica subjacente ao consumismo tenha se transformado, nesse processo, em uma espécie de filosofia-padrão de toda a vida moderna".[361]

---

[357] CAMINHA, 2009, p. 206. [grifo do autor]

[358] SLATER, D. **Cultura do consumo e modernidade.** Trad. Dinah de Abreu Azevedo. São Paulo: Nobel, 2002, p. 88.

[359] Cf. FEATHERSTONE, M. **Cultura de consumo e pós-modernismo.** Trad. Renata Ambrósio. São Paulo: Studio Nobel, 1995, p. 30-32.

[360] CARNEIRO LEÃO, E. **Os mecanismos da criação original.** 5. ed. Petrópolis: Vozes, 2002, v. 1, p. 115. Coleção Aprendendo a Pensar.

[361] SEITER, 1993 apud BAUMAN, 2008b, p. 153.

A cultura consumista é a primeira na história a não premiar a duração e a conseguir fatiar o tempo de vida em séries de episódios vividos com a intenção de protelar suas consequências duradouras e evitar compromissos firmes que tornariam tais consequências restritivas. "A eternidade não importa, a não ser para a experiência instantânea. [...] O infinito foi reduzido a uma série de 'aqui e agora'; a imortalidade, à interminável reciclagem de nascimentos e mortes".[362] A ideia de transcendência, que levou as vidas humanas a um estabelecimento permanente, deixou de ser importante. Pela primeira vez na história não pensam em algo posterior a essa vida e nem parecem se importar com isso.[363] Os locais de culto passam a ser os shoppings centers e as academias de ginástica valorizando o tempo presente.

3.8 Templos de consumo

A cultura de consumo evidencia-se na prática nos "shoppings centers"[364]. São novos locais nos quais as pessoas vão exercer seu poder de escolha e a sua subjetividade almejando realizar suas potencialidades. O que acontece nos templos de consumo tem pouca ou nenhuma relação com a vida cotidiana que ocorre fora desses estabelecimentos. "Uma ida ao templo de consumo é uma questão inteiramente, [...] mais do que testemunhar a transubstanciação do mundo familiar, é como ser transportado a um outro mundo".[365] Os templos de consumo são diferentes das antigas lojas de esquina, podem estar na cidade ou em autoestradas, sendo que as mesmas não pertencem ao local. O que faz ser diferente é a exibição de um modo de vida que o cotidiano impede ou tenta em vão alcançar.

Os encontros nos locais de consumo atrapalham no propósito da compra. Precisam ser breves e superficiais, não criando nenhum laço afetivo. O templo de consumo "[...] es un espacio privado com aspecto de espacio público, con acceso en apariencia libre, pero sometido a discreto control, con sus entradas, salidas y

---

[362] BAUMAN, Z. **A sociedade individualizada:** vidas contadas e histórias vividas. Trad. José Gradel. Rio de Janeiro: Jorge Zahar, 2008c, p. 313.
[363] Cf. BAUMAN, 2008c, p. 314.
[364] Esses estabelecimentos pertencem à ordem dos simulacros: produzem a ideia de um paraíso generalizado ao consumo. No entanto, todos aqueles que compram usando o crédito, depois do prazer instantâneo conseguido com a credencial do cliente confiável, devem enfrentar o sacrifício e muitas vezes o purgatório das prestações mensais. [Cf. MOULIAN, 1999, p. 57.]
[365] BAUMAN, 2001, p. 115.

circulación vigiladas por cámaras invisibles".[366] Esses locais de compra/consumo são purificados e separados da realidade real por oferecerem o equilíbrio quase perfeito entre liberdade e segurança.

> No espaço social cognitivamente mapeado, o estranho é alguém de quem se sabe pouco e se deseja saber ainda menos. No espaço moral, o estranho é alguém de quem se cuida pouco e se está disposto a cuidar menos. Os dois conjuntos de estranhos podem, ou não podem, se superporem.[367]

Os estranhos são pessoas diferentes e desafiadoras nos não-lugares como os shoppings centers. O seu encontro é um desencontro, pois é um fato sem passado e provavelmente um evento sem futuro.[368] A individualidade conservada prepondera sobre a coletividade. O prazer e a satisfação nos templos de consumo são individuais sendo que ninguém deve interferir. "O consumo é um passatempo absoluta e exclusivamente individual e uma série de sensações que só podem ser experimentadas subjetivamente".[369] Nessa perspectiva, "[...] a felicidade do homem moderno consiste na emoção de olhar vitrines e comprar tudo o que lhe é possível, a vista ou a prazo".[370] Os consumidores

> [...] perambulam pelos sinuosos corredores dos shoppings centers, estimulados e guiados pela esperança semiconsciente de colidir com a verdadeira insígnia ou ficha de identidade necessária para atualizar seus "eus", e pela torturante apreensão de que o momento no qual a insígnia do orgulho se transforma em um símbolo da vergonha possa de algum modo passar despercebido.[371]

Como as compras e as possibilidades não se esgotam, o consumidor fica incerto se fez o melhor percurso possível na construção de sua identidade no templo de consumo. Fica impregnado o convite de que precisará voltar novamente ao local reiniciando do zero incontáveis vezes, em infinitos recomeços. Também é um local terapêutico para as pessoas, pois "[...] o impulso de buscar nas lojas, e só nelas, soluções para os problemas e alívio para as dores e a ansiedade é [...] avidamente

---

[366] [...] é um espaço particular com aspecto de espaço público, aparenta livre acesso, mas é submetido a um discreto controle, com suas entradas, saídas e circulação vigiada por câmeras escondidas. [MOULIAN, op. cit., p. 55.] [tradução nossa]
[367] BAUMAN, 2003b, p. 192.
[368] Cf. Id., 2001, p. 120.
[369] Ibid., p. 114.
[370] FROMM, E. **A arte de amar.** Trad. Eduardo Brandão. São Paulo: Martins Fontes, 2000, p. 3.
[371] BAUMAN, 2007b, p. 49. [grifo do autor]

estimulado a fazê-lo".[372] Isso não ocorre para qualquer cliente, é destinado aos que possuem poder de compra. Câmeras de vigilância, alarmes eletrônicos e guardas fortemente armados impedem a entrada de consumidores falhos nos templos de consumo para que os que estão lá dentro sintam-se felizes e seguros. "A partir de um controle quase imperceptível, cada indivíduo tem a nítida sensação de estar protegido do "estado de peste" (a peste chamada violência) que reina lá fora".[373]

A nova arquitetura dos centros urbanos – os prédios e os shoppings centers – consiste em construções muito seguras para afastar os estranhos, aqueles sem condições financeiras que podem afastar os bons consumidores.[374] Nesse contexto, o shopping center "[...] pode ser entendido como um "não-lugar" onde é muito difícil as pessoas travarem relações sociais entre si que não sejam coisificadas ou permeadas por objetos de consumo".[375] Sua estrutura física e simbólica se configura como um autêntico templo de consumo caracterizado pela glorificação dos produtos nas prateleiras e pelo culto ao consumismo. Esse é um sistema excludente, pois coloca as "[...] classes médias nos espaços fechados e protegidos dos shoppings e átrios, mas nada faz pelos pobres, exceto ejetá-los para uma nova e bem tenebrosa paisagem pós-moderna de falta de habitação".[376]

As pessoas não vão aos templos de consumo para conversar ou socializar, mas para satisfazer seus desejos e necessidades de seu corpo físico visando aprimorar suas identidades.[377] Melhorar o corpo em si é outro mecanismo fundamental na formação da mentalidade de um consumidor, pois ele enaltece a pessoa como uma mercadoria apresentável na cultura de consumo.

3.9 O corpo do consumidor

No ato de compra de uma mercadoria o que mais conta é a aparência, algo não muito diferente ocorre com relação às vidas humanas. As inscrições no corpo dentro do âmbito da cultura de consumo "[...] transformam o sujeito em objeto de

---

[372] BAUMAN, 2007b, p. 107.

[373] MESQUITA, D. **Shopping center**: a cultura sob controle. Rio de Janeiro: Ágora da Ilha, 2002, p. 27. [grifo do autor]

[374] Cf. MESQUITA, 2002, p. 28-29.

[375] PADILHA, V. **Shopping center**: a catedral das mercadorias. São Paulo: Boitempo, 2006, p. 180. [grifo do autor]

[376] HARVEY, D. **A condição pós-moderna.** Trad. de Adail Ubirajara Sobral e Maria Stela Gonçalves. São Paulo: Loyola, 1992, p. 79

[377] Cf. BAUMAN, 2010b, p. 34-35.

exposição por todo o tempo de vida do indivíduo e em todo e qualquer espaço por onde ele transite".[378] Essa vitrine de carne e osso é alvo dos mecanismos de consumo para tornar uma mercadoria agradável.[379] Nesse contexto as cirurgias plásticas não são para corrigir as imperfeições oriundas da natureza, "[...] mas para ficar em dia com os padrões que mudam com rapidez, manter o próprio valor de mercado e descartar uma imagem que perdeu sua utilidade".[380] Isso é garantida pela medicina estética que promove a fantasia da plasticidade corporal infinita, ou seja, a dependência de cirurgias sendo que dificilmente o consumidor ficará feliz por muito tempo. As remodelagens do corpo são feitas até uma próxima intervenção cirúrgica.[381]

O controle dos indivíduos, usando-se de seus corpos durante o decorrer da história, foi objeto de estudo Foucault. Ele afirmava que não existe uma liberdade do sujeito sobre si, mas que

> [...] estamos apenas sendo movidos pelas "modernas tecnologias do poder que tomam a vida como seu objeto", dirigidos "pelo poder que dispõe da sexualidade em seu controle sobre corpos e sua materialidade, suas forças, suas energias, suas sensações e prazeres".[382]

A medicina moderna, focalizada principalmente na estética, é uma dessas tecnologias que se especializou em fazer alterações nos corpos como se fossem objetos em uma vitrine. A embalagem conta muito na hora de efetuarem-se relações. Ivan Illich observa que houve "[...] a substituição de um estilo de vida saudável por uma cadeia de intervenções médico-farmacêuticas que se amplia de maneira constante".[383] A medicina a serviço do mercado cria necessidades como qualquer outra empresa no âmbito da produção de mercadorias e prestação de serviços. O mesmo acontece devido ao

---

[378] SOUSA, E. L. Transformando corpos em pergaminhos. **Revista ciências humanas.** São Luiz, v. 5, n. 2, p. 68, dez. 2007.

[379] É ilustrativo lembrar, neste sentido, a história da escravatura, quando os corpos dos negros eram tratados como mercadorias e como os conceitos do mercado sobrepunham-se aos valores humanos. O homem branco não pensava o homem negro como semelhante, mas como coisa e, como coisa, quando mortos, seus corpos eram lançados ao mar dos navios negreiros sem qualquer sentimento de piedade, mas de prejuízo. [RIOS, H. S. O corpo na relação produção-consumo. In: ALMEIDA, D. M. (Org.). **Corpo em ética:** perspectivas de uma educação cidadã. Piracicaba: UNIMEP, 2002, p. 68.]

[380] BAUMAN, 2008b, p. 130.

[381] Cf. Ibid., p. 135-136.

[382] FOUCAULT, 1976 apud BERMAN, 1986, p. 32.

[383] ILLICH, 1977 apud BAUMAN, 2008a, p. 100.

> [...] corpo consumista/do consumidor ser "autotélico", constituindo o próprio fim e um valor em si mesmo; na sociedade dos consumidores, também é, por acaso, o valor supremo. Seu bem-estar é o principal objetivo de toda e qualquer busca existencial, assim como o principal teste e critério de utilidade, conveniência e desejo para o restante do mundo humano e cada um de seus elementos.[384]

Na sociedade de produtores, falava-se de um corpo com "saúde" enquanto na sociedade de consumidores, o mesmo é conceituado como "boa forma". As duas expressões são bem distintas sendo que na boa forma há a estereotipação de um modelo. "É um certificado de "estar dentro", de pertencer, de inclusão, de direito de residência".[385] As academias de ginástica são locais que inconscientemente colocam no consumidor a construção de um corpo em boa forma. Só que isso exige esforço, sendo que é mais fácil recorrer à indústria fármaco-médica.

A busca da boa forma "[...] é um estado de auto-exame minucioso, auto-recriminação e auto-depreciação permanentes, e assim também de ansiedade contínua".[386] É um processo nunca acabado, diferentemente do que ocorre com a saúde. A mesma é interpretada quantitativamente pela medicina circunscrita por seus "[...] padrões (quantificável e mensurável, como a temperatura do corpo ou a pressão sanguínea) e armada de uma clara distinção entre norma e anormalidade".[387]

O culto à boa forma tornou-se uma obsessão na busca incessante, até mesmo maior que a saúde. Boa forma, bem estar tornam-se qualidades de uma boa saúde. Deve-se considerar que o consumo também entrou na saúde com visitas constantes e ininterruptas dos indivíduos às clínicas médicas.[388] A probabilidade de doenças passa a ser comercializado como se fossem reais, prendendo as pessoas as diversas tecnologias médicas que competem no mercado.

No culto ao corpo do consumidor, evidencia-se o individualismo. Não existe nenhuma relação com outro sujeito, muito menos sua preocupação. A boa forma é uma tarefa que cada vida humana deve buscar individualmente, sendo evidente a "[...] tendência neonarcísica de se dar prazer, de um apetite crescente de qualidade e de estética [...], o prazer da excelência técnica, da qualidade e do conforto

[384] BAUMAN, 2007b, p. 120. [grifo do autor] [sic]
[385] Ibid., p. 123. [grifo do autor]
[386] Id., 2001, p. 92-93. [sic]
[387] Ibid., p. 93.
[388] Cf. Id., 2007b, p. 123.

absolutos".[389] O corpo, nessa perspectiva, encontra-se sujeito às leis do mercado, da concorrência, da propriedade, e da oferta e da procura. "O corpo que não atende às exigências destas leis, como qualquer outro objeto, é descartado e condenado a perecer no abandono dos benefícios do mercado".[390] Constata-se que as vidas humanas são mercadorias que obedecem à lógica consumista de mercado. É de grande relevância entender como se deu essa mentalidade.

3.10 O surgimento de uma mentalidade consumista

Nos últimos 30 anos produziu-se mais informação no mundo do que nos 5 mil anos anteriores. O que mais surpreende é que essas informações são para retirar o foco do que realmente é importante. "Uma habilidade fundamental da sociedade da informação consiste em proteger dos 99,99% de informações oferecidas que são indesejadas".[391] A cultura de consumo é tendenciosa, colocando visibilidade no que interessa à sua ideologia. Direcionando sua racionalidade num só ponto, acaba ocultando ou desmentido informações importantes que venham a questionar sua racionalidade ou que levem os consumidores pensarem. "Deve o povo ser esclarecido?; quase todos os porta-vozes do Iluminismo responderam com um enfático **Não**. [...] Deve o povo ser educado?, eles responderam com um reservado **Sim**".[392]

A época das luzes esclareceu a burguesia, sendo que o povo em geral permaneceu na menoridade da razão. Marx evidenciou a dominação ideológica da burguesia sobre o proletariado. A elite faz isso com a detenção dos meios de produção e as condições para produzir a visão da classe dominante com as aspirações dos dominados.[393] Baudrillard foi um crítico da proliferação ideológica de imagens na modernidade líquida e sua influência no cotidiano dos sujeitos e de que maneira estes enxergavam o mundo. Para o filósofo francês,

> [...] o fenômeno faz com que seja criada uma espécie de "hiper-realidade", que não é nem o objeto retratado nem tampouco sua reprodução. "Atravessando um espaço cuja curvatura não é mais

---

[389] LIPOVETSKY, G. **O império do efêmero.** Trad. Maria Lúcia Machado. São Paulo: Companhia das Letras, 1989, p. 173.
[390] RIOS, 2002, p. 58.
[391] ERIKSEN, 2001 apud BAUMAN, 2008b, p. 55.
[392] Id., 2010c, p. 114-115. [grifo do autor]
[393] Cf. MARX, 1989, p. 48-50.

> aquela do real, nem da verdade, a era da simulação é inaugurada pela liquidação de todos os referenciais". Sendo o funcionamento de sociedade apoiada num sistema desse tipo, a dominação é mais fácil por camuflar tal condição, não distinguindo dominados e dominantes.[394]

O consumo visa a rápida circulação de mercadorias sendo que as necessidades devem ser constantemente recicladas. A frustração dos desejos após certo tempo de compra é o combustível da economia consumista.[395] Graças ao excesso de possibilidades, as experiências frustrantes não chegam a destruir a confiança do consumidor na sua busca infindável.

> Além de ser um excesso e um desperdício econômico, o consumismo também é, por essa razão, uma *economia do engano*. Ele aposta na *irracionalidade* dos consumidores, e não em suas estimativas sóbrias e bem informadas; estimula *emoções consumistas* e não cultiva a *razão*. Tal como ocorre com o excesso e o desperdício, o engano não é um sinal de problema na economia de consumo. Pelo contrário, é sintoma de sua boa saúde e de que está firme sobre os trilhos, é marca distintiva do único regime sobre o qual a sociedade de consumidores é capaz de assegurar sua sobrevivência.[396]

Na sociedade de produtores havia estratégias de treinamento distintas para os meninos e as meninas segundo a função que iriam realizar. Na modernidade líquida baseada no consumo não há essa distinção. Nessa nova forma de pensar a modernidade "[...] todo mundo precisa ser, deve ser e tem que ser um consumidor por vocação (ou seja, ver e tratar o consumo como vocação)".[397] O consumo é apresentado como um direito e dever universal.

A produção de mentalidade consumista inicia cedo nas crianças. A doutrina é impetrada desde os primeiros anos, passando pela educação escolar, os meios de comunicação e demais instituições. "É melhor que as crianças se preparem desde cedo para o papel de consumidores/compradores ávidos e informados – preferivelmente desde o berço. O dinheiro gasto no seu treinamento não será desperdiçado".[398] O direito de consumir, desde cedo, consolida a ideia de importância e posição social que confere a cada vida humana. A análise da produção de consumidores e da reprodução da sociedade de consumidores ocorre

---

[394] GALLI, M. Viver para o consumo. **Conhecimento prático:** filosofia, São Paulo, v. 1, n. 20, p. 39, jun. 2010. ISSN 1984-1388. [grifo do autor]

[395] Cf. BAUMAN, 2010a, p. 28.

[396] Id., 2008b, p. 65. [grifo do autor]

[397] Ibid., p. 73.

[398] Id., 2007b, p. 142.

> [...] "a ontogênese é uma recapitulação da filogênese" (isto é, que os estágios de desenvolvimentos de um embrião constituem recapitulações abreviadas e comprimidas dos estágios pelos quais passou a espécie em sua evolução histórica), embora com uma ressalva crucial: em vez de implicar uma causalidade unidirecional, é razoável e adequado propor (a fim de evitar o debate inútil, já que insolúvel, do tipo "quem veio primeiro, o ovo ou a galinha?") que à trajetória de vida do indivíduo consumidor é imposta a mesma seqüência que tem a ser infinitamente repetida na reprodução em curso na sociedade de consumidores.[399]

A perpetuação do ciclo consumista pode ser feita de modo explícito reforçando a totalidade e o bem estar do Estado ou nação. Isso pode ser feito de várias formas como a mobilização espiritual, a educação cívica ou a doutrinação ideológica, como se costumava fazer na fase sólida da modernidade. Também pode ser realizado "[...] de modo sub-reptício e oblíquo, por meio do reforço e do treinamento de certos padrões comportamentais, assim como pela adoção de determinados modelos de solução de problemas".[400] Essas são estratégias mais sutis oriundas da modernidade líquida.

A mentalidade consumista não tem parâmetros, ela pode ser alterada conforme os ditames da mídia. A educação descartável – ou seja, líquida segundo Bauman – entende que "[...] é muito mais atraente o conhecimento criado para usar e jogar fora, [...] [semelhante ao] tipo de conhecimento prometido pelos programas de computador que entram e saem das prateleiras das lojas num ritmo cada vez mais acelerado".[401] Isso não permite a permanência de uma base epistemológica, não que ela precisa ser imutável, para poder apreciar e refletir o que se encontra a sua volta. Com isso fica mais fácil criar uma mentalidade utilizando-se da "[...] *mídia*, especializada em lavagem cerebral e em diversões baratas, e o *mercado consumidor*, especializado no engano e na sedução".[402] Sem um critério ou fundamento

> [...] os indivíduos se submetem voluntariamente ao prestígio da propaganda e, assim, não necessitam de qualquer crença "legitimadora". Sua conduta se toma manejável, previsível, e portanto não ameaçadora, pela multiplicação de necessidades, e não pelo enrijecimento das normas.[403]

---

[399] HAECKEL, [s./d.] apud BAUMAN, 2008b, p. 84. [grifo do autor] [sic]
[400] Ibid., p. 90.
[401] Id., 2010b, p. 42. [acréscimo nosso]
[402] Id., 2008c, p. 18. [grifo do autor]
[403] Id., 2010c, p. 227. [grifo do autor]

A educação de um consumidor não visa a produção de memória. Também não é uma ação solitária ou uma realização definitiva. Começa cedo, mas dura o resto da vida. O desenvolvimento das habilidades de consumidor talvez seja o único exemplo bem-sucedido da tal educação continuada que os teóricos da educação e aqueles que a utilizam na prática defendem.

> As instituições responsáveis pela "educação vitalícia do consumidor" são incontáveis e ubíquas – a começar pelo fluxo diário de comerciais na TV, nos jornais, cartazes e outdoors, passando pelas pilhas de lustrosas revistas "temáticas" que competem para divulgar os estilos de vida das celebridades que lançam tendências, os grandes mestres das artes consumistas, até chegar aos vociferantes especialistas/conselheiros que oferecem as mais modernas receitas, respaldadas por meticulosas pesquisas e testadas em laboratório.[404]

A mentalidade consumista perpassa toda a vida humana transformando as atividades cotidianas em algo que pode ser mercantilizado. As relações com os outros seres humanos, incluindo os amigos e membros da família, passam a ser vistas em termos de mercado consumista.[405] A mercadorização das vidas humanas é um dos aspectos mais evidentes do capitalismo parasitário.

3.11 A mercadorização das vidas humanas

A ideia de exploração das pessoas pelos detentores dos meios de produção no qual as pessoas sem recursos financeiros se sujeitam às condições de dominação não é nova.

> Na mesma instância em que a humanidade domina a natureza, o homem parece escravizar-se a outros homens ou à sua própria infâmia. Até a pura luz da ciência parece incapaz de brilhar senão no escuro pano de fundo da ignorância. Todas as nossas invenções e progressos parecem dotar de vida intelectual às forças materiais, estupidificando a vida humana ao nível da força material.[406]

Marx explicitou essa realidade e recomendou um novo sistema eliminando a desigualdade de classes e a redistribuição dos bens materiais como alternativas de solução.[407] Bauman revisiona essa exploração sendo que a vida da pessoa na relação de consumo (para Marx, na relação de trabalho) é transformada em

---

[404] BAUMAN, 2005a, p. 73. [grifo do autor]
[405] Cf. Id., 2007b, p. 150-151.
[406] MARX, 1978 apud BERMAN, 1986, p. 18.
[407] Cf. SELL, 2006, p. 180-181.

mercadoria. Explica esse processo com o conceito de modernidade líquida sendo que o homem encontra-se mergulhado nessa estrutura em todos os momentos de sua vida.

Nesse cenário "[...] a "subjetividade" dos consumidores é feita de opções de compra – opções assumidas pelo sujeito e seus potenciais compradores; sua descrição adquire a forma de uma lista de compras".[408] O ser humano tende a estabelecer relações com seus semelhantes da mesma forma como

> [...] as mercadorias são colhidas a partir de catálogos de empresas virtuais, perpetua e "autentica" o mito originado na e insinuado pela decomposição dos seres humanos, seres animados, numa lista de traços inanimados: cada um de nós, seres humanos, não é tanto uma pessoa ou uma personalidade cujo valor próprio, único e insubstituível reside todo em sua singularidade, mas numa colagem de *gadgets* mais ou menos vendáveis, desejáveis ou inúteis.[409]

Os indivíduos que procuram ser empregados em boas organizações, os imigrantes na busca de um visto de permanência em um país, os namorados que procuram alguém para conviver e os clientes que desejam ser atendidos por primeiro devem ser atraentes e desejáveis, pois outros podem estar em seu lugar. A concorrência é grande, sendo que os consumidores devem promover-se a si mesmos ganhando destaque no mercado. Os homens "[...] são, ao mesmo tempo, os promotores das mercadorias e as mercadorias que promovem. São simultaneamente, o produto e seus agentes de marketing, os bens e seus vendedores".[410]

O reconhecimento social com seus prêmios aparece para as vidas humanas transformadas em mercadoria que conseguem atrair a demanda de clientes e fregueses. Isso fica muito evidente na internet dentro dos sites de relacionamento, sendo que nas "[...] transações, eles, os sujeitos, também são objetos".[411] As emoções utilizadas nesses mecanismos de controle de pessoas são exploradas de um mundo de relações enfraquecidas, sendo reinvestidas em coisas consumíveis.[412]

Não há como negar que "[...] os laços e parcerias são vistos, em outras palavras, como coisas a serem consumidas, não produzidas; estão sujeitos aos

---

[408] BAUMAN, 2008b, p. 24. [grifo do autor]
[409] Id., 2010a, p. 213. [grifo do autor] [sic]
[410] Id., 2008b, p. 13.
[411] Ibid., p. 26.
[412] Cf. Id., 2005b, p. 160.

mesmos critérios de avaliação de todos os outros objetos de consumo".[413] No comércio, quando uma mercadoria não agrada ao consumidor no período de teste, o dinheiro é devolvido.

De forma semelhante, não é função dos dois parceiros fazerem o relacionamento acontecer, ajudarem-se mutuamente, compartilhar momentos difíceis e alegres e fazer sacrifícios visando à união dos dois. A função consiste em satisfazer as necessidades do indivíduo. Quando eventualmente começar a diminuir gradualmente a alegria oferecida pelo relacionamento e começarem os contratempos, o cônjuge deve ser descartado. "Não existe razão para ficar com o produto inferior ou mais velho, ao invés de encontrar outro, "novo e melhorado", na loja".[414] Os vínculos não visam mais esforço de procrastinar ou realizar um eventual sacrifício em favor de um laço duradouro, mas a satisfação imediata ou sua substituição no tempo presente.

As vidas humanas consumistas e os objetos de consumo são os pólos conceituais que se relacionam continuamente na modernidade líquida. Nessa tensão constante os consumidores movem-se nesse '*continuum*', de um lado para outro, diariamente.

> Alguns podem ser colocados, por mais tempo, bem perto do pólo das mercadorias. Nenhum consumidor, no entanto, pode estar plena e verdadeiramente seguro de que não cairá perto, desconfortavelmente perto, de suas cercanias. Só como mercadorias, só se forem capazes de demonstrar seu próprio valor de uso, é que os consumidores podem ter acesso à vida de consumo. Na vida líquida, a distinção entre consumidores e objetos de consumo é, com muita freqüência, momentânea e efêmera, e sempre condicional. Podemos dizer que a regra aqui é a reversão de papéis, embora até mesmo essa afirmação distorça a realidade da vida líquida, na qual os dois papéis se interligam, se misturam e se fundem.[415]

As estratégias de marketing que faziam parte do âmbito econômico passam a atuar no âmbito existencial. Os objetos de consumo e as vidas humanas adquirem equivalência. Isso porque o consumo ganha uma nova significação na modernidade líquida segundo Bauman. [416] É o processo no qual as vidas humanas transformam-se em objetos de consumo indo muito além da simples ideia de compra e venda de

---

413 BAUMAN, 2008c, p. 199.
414 Ibid., loc. cit.
415 Id., 2007b, p. 18. [sic]
416 Cf. Id., 2005a, p. 98.

mercadorias. "'Consumir', portanto, significa investir na afiliação social de si próprio, o que, numa sociedade de consumidores, traduz-se em 'vendabilidade' [...]"[417] investindo-se constantemente para ser a melhor escolha que alguém irá realizar. Bauman argumenta que

> [...] o objetivo crucial, talvez decisivo, do consumo na sociedade de consumidores (mesmo que raras vezes declarado com tantas palavras e ainda com menos freqüência debatido em público) não é a satisfação de necessidades e vontades, mas a comodificação ou recomodificação do consumidor: *elevar a condição dos consumidores à de mercadorias vendáveis.* [...] *Os membros da sociedade de consumidores são eles próprios mercadorias* de consumo, e é a qualidade de ser uma mercadoria de consumo que os torna membros autênticos dessa sociedade.[418]

Isso porque as leis de mercado aplicam-se de forma semelhante tanto às coisas escolhidas como aos seus escolhedores.[419] Somente as mercadorias podem entrar nos templos de consumo por direito, tanto faz seja pela entrada de produtos como também de vidas humanas. "Dentro desses templos, tanto os objetos de adoração como seus adoradores são mercadorias".[420]

As pessoas devem observar os mesmos parâmetros que gostariam que fossem seguidos pelos produtos a serem consumidos. Elas são atraídas às lojas com o objetivo de "[...] encontrar ferramentas e matérias-primas que podem (*e devem*) usar para se fazerem "aptos a serem consumidos" – e, assim, valiosos para o mercado".[421] Essa não é uma tarefa fácil, extremamente angustiante para os consumidores devido à volatilidade do mercado sendo que não existe um porto seguro. Aqueles que não conseguem se inserir nesse processo e são destinados à lata de lixo.

3.12 Lixo humano

Na comodificação das vidas humanas, o destino das mercadorias defeituosas ou que não surtiram o resultado desejado é o descarte. A cultura consumista, fundamentada na modernidade líquida, com grande ênfase na novidade

---

[417] BAUMAN, 2008b, p. 75. [grifo do autor]
[418] Ibid., p. 76. [grifo do autor]
[419] Cf. ASSMANN, 1998, p. 40.
[420] BAUMAN, op. cit., p. 82.
[421] Ibid., loc. cit. [grifo do autor]

e desperdício produziu muito lixo, tanto o mercadológico como o humano.[422] O lixo humano é composto por "[...] pessoas rejeitadas – pessoas não mais necessárias ao perfeito funcionamento do ciclo econômico e, portanto de acomodação impossível numa estrutura social compatível com a economia capitalista".[423]

Na data de fabricação das mercadorias já está incluso o momento de sua morte pelo prazo de validade. O lixo é a produção final de todo o ato de consumo. As pessoas possuem a capacidade de se recomodificarem para permanecerem atraentes ao mercado, ao passo que os produtos não. Exceto se alguém reciclá-lo, mas já não vai ser a mesma coisa. Na modernidade líquida "[...] só o lixo tende a ser (infelizmente) sólido e durável. *Solidez* agora é sinônimo de *lixo*".[424] No mercado de consumo não há nada que escape da mentalidade mercadológica.

A mercadoria humana descartável "[...] não pode mais ser removida para depósitos de lixo distantes e fixada firmemente fora dos limites da *vida normal*. Precisa, assim, ser lacrada em contêineres fechados com rigor".[425] Tamanha é a preocupação da sociedade de consumidores para que os indivíduos não vejam o que acontece se não conseguirem adequar-se ao mercado. Existem mecanismos

> [...] para registrar, separar e excluir essas pessoas – e mantê-las excluídas e isoladas da parte "normal" da sociedade. Essas agências administram algo como um gueto sem paredes, um campo de prisioneiros sem arame farpado (embora densamente contido por torres de vigia!).[426]

O refugo humano deve ficar invisível aos olhos das mercadorias úteis, pois os objetos fora de linha podem prejudicar as vidas humanas que estão dando lucro e alimentando as engrenagens do consumo. Nessa perspectiva, "[...] o refugo pode ser descrito como simultaneamente o problema mais angustiante e o segredo mais guardado dos nossos dias".[427] A história que o homem conheceu sempre foi a dos produtos e nunca a dos resíduos.[428] Conhecemos os produtos colocados nos templos de consumo para sua comercialização e quase nada do que acontece com

---

[422] Cf. BAUMAN, 2005a, p. 45.
[423] Ibid., p. 47.
[424] Id., 2007b, p. 118. [grifo do autor]
[425] Id., 2005b, p. 107. [grifo do autor]
[426] Id., 2010a, p. 53. [grifo do autor]
[427] Id., op. cit., p. 37.
[428] A indústria da remoção do lixo é um ramo da produção moderna (junto com os serviços de segurança, esta continuidade da política do disfarce por outros meios, destinada a protelar o retorno dos oprimidos pelo sistema consumista) que nunca ficará sem ocupação. A sobrevivência moderna – a sobrevivência do modo de vida moderna – depende da destreza e proficiência na remoção de lixo. [Cf. Ibid., p. 39.]

os detritos para a fabricação dos bens de consumo. A fronteira que separa um produto útil de um refugo é tênue, variando de ocasião para ocasião.

> Os "problemas do refugo (humano) e da remoção do lixo (humano)" pesam ainda mais fortemente sobre a moderna e consumista cultura da individualização. Eles saturam todos os setores mais importantes da vida social, tendem a dominar estratégias de vida e a reverter as atividades mais importantes da existência, estimulando-as a gerar seu próprio refugo *sui generis*: relacionamentos humanos natimortos, inadequados, inválidos ou inviáveis, nascidos com a marca do descarte iminente.[429]

A ideia do refugo e descarte perpassa a existência humana, sendo que a vida humana pode ser substituída por outra que possua as mesmas características da anterior exigidas pelo mercado. Para a fuga desse mecanismo excludente, somente sendo um consumidor falho. Mas também será excluído de certa forma da estrutura líquido-consumista, por não participar do consumo como a grande maioria.[430]

Bauman[431] apregoa que o homem deve ser defendido em sua dignidade transcendendo as humilhações do cotidiano, não devendo se apequenar pelas dificuldades e situações de risco em que é colocado. O autor deseja "[...] que homens e mulheres construam o mundo para si mesmos, pressionem uma faca contra o futuro e assim pratiquem a liberdade, em vez de aceitar as restrições da necessidade".[432]

As vidas humanas devem estar atentas às categorias de beleza e humilhação. A primeira é a expressão da capacidade humana de construir e imaginar um mundo diferente pensando além das necessidades momentâneas. A segunda que envolve tanto a humilhação física do sofrimento como a material da pobreza é entendida como o acúmulo de necessidades contra as possibilidades.[433] A lição no pensamento de Bauman está na virtude de sua dedicação à humanidade e nalguma das palavras que dirigiu aos seus alunos universitários em Leeds, dizendo:

---

429 BAUMAN, 2005b, p. 14-15. [grifo do autor]

430 Cf. Id., 2007b, p. 38-39.

431 Na biografia de Zygmunt Bauman escrita por Dennis Smith afirma que ele é "um dos mais interessantes e influentes comentadores [que refletem] sobre a condição humana". [BAUMAN, Z. **Bauman sobre Bauman**: diálogos com Keith Tester. Trad. Carlos Alberto Medeiros. Rio de Janeiro: Jorge Zahar, 2011d, p. 9.] [grifo do autor]

432 BAUMAN, 2011d, p. 20.

433 Cf. Ibid., loc. cit.

> Mais que nunca, devemos ter cuidado para não cair nas armadilhas da moda, talvez muito mais prejudiciais que a moléstia que afirmam curar. Bem, nossa vocação, depois desses anos tão pouco românticos, pode-se tornar novamente um campo de testes da coragem, coerência e lealdade aos valores humanos.[434]

De acordo com o autor, a vocação humana consiste na lealdade, na constituição do sujeito autônomo e senhor de si visando o bem aos semelhantes que se encontram cotidianamente em sua vida. Sugere que isso deve ser perseguido, pois a coerência é importante na formação educativa de qualquer vida humana.

Por defender o ser humano, Bauman dedicou grande parte de sua vida na publicação de obras visando que o leitor despertasse sua reflexão ao que está acontecendo a sua volta. Reconhece que

> [...] no curso de meio século de estudos e de escrita, nunca consegui adquirir a habilidade de terminar um livro... Com o passar do tempo reconheço que todos os meus livros foram entregues ao editor inacabados. Em regra, antes mesmo que o manuscrito seja impresso, fica claro para mim que o que há pouco me parecia "o fim" era, de fato, um começo – com uma seqüência desconhecida, mas tremendamente necessária. Por trás de cada resposta percebo que novas questões estão piscando; que mais, muito mais restou a ser explorado e compreendido, e muito pouco, de fato, foi revelado pelo "acabamento bem-sucedido" das explorações passadas. As perguntas mais intrigantes e provocantes emergem, via de regra, após as respostas.[435]

O autor polonês não se identifica como otimista na modernidade líquida – contexto no qual vidas humanas tornam-se mercadorias pelo consumo e por consequência descartáveis –, pois o otimista acredita que o mundo em que se vive é o melhor dos mundos prováveis. Também não é pessimista, pois este suspeita que o otimista tenha razão.[436] Ele acredita que o contexto atual pode ser melhorado e que essa crença é instrumental em torná-lo mais digno de conviver.

---

[434] BAUMAN, 2011d, p. 23.
[435] MONTEIRO, 2009. [grifo do autor] [sic]
[436] Cf. Ibid., 2009.

CONSIDERAÇÕES FINAIS

A presente pesquisa demonstra a relevância do consumo na construção da modernidade, da ética e da própria antropologia na atualidade. Com o consumo, Bauman busca explicar a forma de viver dos seres humanos. O autor traz o termo consumo para dentro do campo da filosofia utilizando-se do neomarxismo e do estruturalismo. Vai além das abordagens então existentes nos campos da economia, da sociologia e da psicologia.

O trabalho sempre foi visto como processo de exteriorização do subjetivismo do ser humano, em outras palavras, tinha um sentido humanitário como reflexo da criação do homem. Conforme Marx, em sua primeira tese – a da mais-valia – defende que o trabalho foi expropriado em sua originalidade pelo capital com o sistema capitalista de produção. O trabalho sob essa perspectiva tornou-se um impedimento da criatividade e inventividade humana, ou seja, o trabalho ficou estranho/alheio ao homem. A economia não está mais a serviço do homem, mas o homem a serviço da economia.

O consumo na visão baumaniana é a transformação da vida humana em mercadoria, sendo que essa tese faz memória à segunda tese de Marx, ou seja, a do fetichismo da mercadoria. A tese do fetichismo da mercadoria também é conhecida como alienação. Possui dimensão normativa sendo parcialmente válida no pensamento sociológico contemporâneo. Marx diz que o fetiche recorre à região nebulosa da crença. Os objetos tornam-se sujeitos e as pessoas viram objetos numa total inversão de valores.

Bauman também recorre ao estruturalismo como fundamento dos mecanismos que direcionam e controlam o homem na sociedade de consumidores. Ele aponta os mecanismos que se encontram permeados nas relações humanas que deixam o homem atado às estruturas vigentes. Esse processo não aconteceu de modo instantâneo, sendo que a modernidade sólida serviu de propedêutica para a situação líquida atual na qual as pessoas são simplesmente objetos de consumo.

O autor define modernidade líquida como um momento em que a sociabilidade humana experimenta uma transformação que pode ser sintetizada nos seguintes processos: a mudança de um cidadão como sujeito de direitos para um indivíduo que busca afirmar-se na sociedade; a passagem de estruturas de solidariedade coletiva para as de disputa e competição; o enfraquecimento da proteção estatal às intempéries da vida, gerando um permanente ambiente de incerteza; a colocação da responsabilidade por eventuais fracassos no plano individual; o fim da perspectiva do planejamento a longo prazo; e o divórcio e a iminente apartação total entre poder e política.

A ideia de progresso foi transferida da ideia de melhoria partilhada para a de sobrevivência do indivíduo. O progresso é pensado não mais a partir do contexto de um desejo de corrida para frente, mas em conexão com o esforço desesperado para se manter na corrida. O autor argumenta metaforicamente que as pessoas estão correndo numa fina camada de gelo, sendo que o diferencial está na velocidade. Parar um pouco para descansar e pensar significa o fim do jogo, a casca racha e o indivíduo se exclui da corrida da vida.

Outra comparação que se faz com as vidas humanas nesse contexto é que devem ser mísseis inteligentes. Isso significa mudar de alvo a cada momento em que novas situações e informações são fornecidas pelo ambiente. Eles aprendem de modo rápido sendo que o conhecimento anterior pode ser facilmente desfeito. O sucesso está na capacidade de não fixar nada e adaptar-se ao novo como os líquidos fazem quando colocados em diferentes recipientes. Fica visível a contraposição com os mísseis antigos que eram certeiros e precisos sendo que nada poderia alterar seu foco caracterizando sua solidez.

Na modernidade líquida a solidez das coisas como das relações humanas é uma ameaça. Quaisquer juramentos de fidelidade, compromissos a longo prazo, prenunciam um futuro sobrecarregado de vínculos que limitam a liberdade de movimento e reduzem a capacidade de aproveitar as novas e ainda desconhecidas oportunidades. A ideia de assumir uma coisa pelo resto da vida é absolutamente repugnante e assustadora. Interessante que as coisas mais desejadas no momento atual deixam de ter sentido em questão de semanas. Não é de se espantar que essas escolhas percam o distintivo de honra e passem a ser marca de vergonha.

As relações sociais e laços afetivos estão cada vez mais vulneráveis na modernidade líquida. O cunho mercadológico passa a interferir nas relações afetivas focalizando a materialidade do ser humano. Nunca houve tanta liberdade na escolha de parceiros, nem tanta variedade de modelos de relacionamentos, e, no entanto, nunca os casais se sentiram tão ansiosos e prontos para rever, ou reverter o rumo da relação. O apelo por fazer escolhas que possam, num espaço muito curto de tempo, ser trocadas por outras mais atualizadas e mais promissoras passa a orientar a busca por parceiros cada vez mais satisfatórios. A ordem do dia motiva as pessoas a entrarem em novos relacionamentos sem fechar as portas para outros que possam aparecer com contornos mais atraentes. A relação deixa de existir quando sua utilidade e seu prazer não despertam mais o interesse do indivíduo podendo ser trocadas por outras sem se importar com os sentimentos das pessoas.

A insatisfação nas relações revela profundamente uma insatisfação consigo mesmo, ou seja, por mais que o indivíduo esteja sempre atualizado nunca será a melhor mercadoria no mercado da afetividade. O medo e a ansiedade de ficar de fora são eminentes. Essa situação é reafirmada na mídia com os “reality shows”, como por exemplo, o Big Brother. A eliminação e o descarte são constantes sendo que todos podem sair de cena, mesmo que cumpram corretamente as obrigações. O desejo de ser famoso é o guia nessa nova cultura do efêmero, diferentemente dos heróis e mártires na modernidade sólida.

Os sites de relacionamento criam cada vez mais espaços para confissões públicas da vida íntima dos indivíduos. Isso para que as especificações das mercadorias sejam bem feitas para chamar a atenção de possíveis pretendentes que queiram estabelecer um relacionamento. A vida interior de cada um é exposta na mídia sendo que os adolescentes não sabem mais diferenciar o que pertence ao público e ao privado. Na busca de serem atraentes e famosos dificilmente os jovens pensam em construir uma carreira sólida nos campos da arte, da ciência, da filosofia, da tecnologia, entre outros. Querem tornar-se celebridades e serem desejados como objetos de consumo mesmo que seja por um breve momento.

Destaca-se atualmente o grande uso dos antidepressivos. Na sociedade de consumidores nem todos conseguem ser celebridade ou a melhor opção no mercado. Precisam ser lembrados para serem valorizados e não conseguem superar o descarte. O sofrimento e o modo de aliviar as dores também alimentam o sistema, pois pensam que com medicamentos podem resolver o problema. As pessoas passam a acreditar que para cada problema há uma solução na loja. Não foi provada que essa nova atitude diminui as dores humanas. Foi comprovada, além de qualquer questionamento, que a induzida intolerância à dor é uma fonte inesgotável de lucros comerciais. Ressalta-se que o consumo aliena a vida humana de sua capacidade de refletir, pois o uso livre e consciente da razão limitaria a manipulação.

Bauman vê a humanidade angustiada em busca de segurança, condição fundamental na pirâmide hierárquica das necessidades humanas. A segurança passa a ser a arma de campanha nas disputas eleitorais, pois num ambiente extremamente individualista vivenciado na modernidade líquida, o outro é visto como um rival. O apelo popular de se fazer algo contra as causas desconhecidas das ansiedades e de combater as ameaças invisíveis pode ser distorcido e redirecionado para objetos que não são necessariamente responsáveis pela insegurança dos indivíduos, mas são convenientes do ponto de vista político e mercadológico. A vida humana assemelha-se a uma caça na qual os mais fortes preponderam sobre os mais fracos adquirindo os melhores recursos. A segurança passa a estar atrelada ao poder econômico de mercado. Entendendo a segurança não somente como poder de polícia, mas fundamento e sentido para a existência. Certezas que foram liquefeitas deixando que o capital explorasse como fonte abundante de lucros para os grupos econômicos.

A insegurança e o medo são direcionados numa sociedade de consumidores. O consumo torna-se a principal força propulsora e operativa da sociedade determinando as relações e estruturas concernentes a ele. Tudo passa pelo consumo e na relação de compra e venda sendo que tanto o sujeito como o objeto possuem valor mercantil de troca. Tem forte influência no consumo a exaltação do tempo presente em detrimento do passado e do futuro. Na vida "agorista" dos indivíduos na modernidade líquida o motivo da pressa, é em parte, o impulso em adquirir e juntar. Mas o motivo que torna a pressa de fato imperativa é a necessidade de descartar e substituir. Verifica-se que o nível da velocidade é diretamente proporcional à intensidade do esquecimento.

As metanarrativas cederam lugar para informações e dados pontuais. O imanentismo presente na vida das pessoas implica em explorar e fazer o momento em que se vive de prazer como um instante eterno. Essa nova racionalidade não deixa de ser a procura de algo sólido em que possa se ancorar confrontado com a breve existência. O capitalismo parasitário é que propulsiona essa ansiedade de construir-se a si mesmo com a cultura de consumo. Consumir em Bauman nada mais é do que o homem investir na avaliação social de si próprio. Na sociedade de consumidores traduz-se como vendabilidade. Isso significa obter as qualidades necessárias para atender demandas de mercado tornando-se atraente. Também envolve a recomodificação, ou seja, a reciclagem de sua identidade para atender o mercado evitando tornar-se um descarte.

O cogito cartesiano poderia ser reescrito no contexto atual como "Consumo, logo existo". O indivíduo passa a ser valorizado pelo que tem de valor agregado à sua vida. As vidas humanas perderam a noção de unidade, como ser humano, tendo sua personalidade/identidade formada pela junção de escolhas que fizeram ao longo da existência. Metaforicamente, é como se fosse uma colcha de retalhos condenada a nunca ficar acabada, muito menos perfeita. Isso gera ansiedade e preocupação para manter-se vendável na sociedade de consumidores. Os sofrimentos humanos mais comuns nos dias de hoje tendem a se desenvolver a partir de um excesso de possibilidades, e não de uma infinidade de proibições, como ocorria anteriormente na modernidade sólida.

Os homens nem percebem a jaula de ferro em que se encontram, sempre correndo atrás do que a indústria cultural apresenta e estressados devido às dívidas adquiridas. Aqui o estresse é visto como algo internalizado, uma espécie de culpa. O indivíduo se preocupa não somente com a dívida, também pelo que não comprou, o modo de viver na incerteza constante e na frustração se realmente optou pela melhor oportunidade a ser consumida. Ao verificar que não adotou a melhor possibilidade, o homem se culpa pela excitação que deixou de experimentar e vivenciar sendo que nunca mais poderá repeti-la novamente com a mesma intensidade.

As dívidas ocorrem na opção por novos produtos sendo que não possuem o poder aquisitivo para tanto. Essas pessoas nunca foram presas em cadeias, mas encontram-se presas às mercadorias que elas compraram ou haverão de adquirir. O prazer da compra não dura mais que uma semana e a dívida talvez perdure anos. Alguém deve ganhar com isso. Isso é fundamental para o mercado, pois alimenta continuamente a roda da economia. Esse endividamento pode ir além da concepção monetária, sendo que a sua vida de consumo é exaurida e sugada pelo sistema econômico. Acredita que é livre, mas no fundo suas escolhas são fabricadas e apresentadas em uma gama de possibilidades pré-estabelecidas.

A grande descoberta pelo mercado de consumo é a exploração do corpo do ser humano como um território a ser conquistado integralmente. Algo semelhante ao que aconteceu com a exploração empreendida por Portugal e Espanha na América durante os séculos XVI e seguintes. As ciências humanas acabaram repartindo o homem em realidades separadas para melhor explicá-lo e entendê-lo dentro de esquemas. Isso foi financiado pelo capital sendo que isso ofereceu mecanismos na construção de uma vida produtora na modernidade sólida. Na modernidade líquida tem-se uma vida consumidora, sendo que cada atitude, produto ou serviço utilizado pelo ser humano pode ser tarifado. Nesse paradigma, ganha evidência quem tem a capacidade constante de renovar-se a si próprio comprando pacotes para modular a sua identidade. O mundo atual é um ambiente propício para a morbidez e o descarte de pessoas gerando vidas doentes, ou desperdiçadas segundo o autor polonês.

Bauman está presente na academia e continua a escrever sobre o contexto atual. Nesse sentido novas reflexões acerca do consumo, da vida humana e da modernidade líquida poderão ser apresentadas ainda pelo autor. O trabalho abre perspectivas para outras pesquisas em assuntos que foram descritos de forma sucinta ao longo dos capítulos. Temas como a modernidade sólida, a política e o Estado atual, os relacionamentos humanos, a religião do consumo, a felicidade, o amor, a liberdade e emancipação, a cultura líquida, as ambivalências presentes na modernidade, os medos atuais, o significado da morte, as formas de violência, os mecanismos de controle, o que é pobreza hoje, a educação e a crise cultural e moral podem ser mais bem estudados com novas pesquisas e com autores contemporâneos que estudam e discutem tais problemas.

O autor não é otimista nem pessimista na sua descrição do homem como mercadoria, sendo que relata a situação atual e como ela veio a tornar-se manifesta. Entendendo como otimista a pessoa que entende que a humanidade está vivendo na melhor das possibilidades e o pessimista como aquele que desconfia que o seu oponente esteja certo. Bauman acredita que outro mundo, alternativo e quem sabe melhor, seja possível. Acredita que os seres humanos são capazes de tornar real essa possibilidade. Mas também – infelizmente – talvez o homem prefira ignorar os acontecimentos e continuar a viver na "menoridade".

REFERÊNCIAS

ADORNO, T. A indústria cultural. In: COHN, G. (Org.). **Theodor Adorno.** São Paulo: Ática, 1986. Coleção grandes cientistas sociais.

ALMEIDA, F. Q.; GOMES, I. M.; B, V.. **Bauman & a educação.** Belo Horizonte: Autêntica Editora, 2009. Coleção pensadores & educação.

ASSMANN, H. **Metáforas novas para reencantar a educação.** 2. ed. Piracicaba: Editora UNIMEP, 1998.

BARBOSA, L.. **Sociedade de consumo.** Rio de Janeiro: Jorge Zahar, 2004.

BARBOSA, L.; CAMPBELL, C.. O estudo do consumo nas ciências sociais contemporâneas. In BARBOSA, Lívia; CAMPBELL, Colin (Org.). **Cultura, consumo e identidade.** Rio de Janeiro: Editora FGV, 2006, p. 21-44.

BAUDRILLARD, J. **A sociedade de consumo**. Trad. Artur Mourão. Rio de Janeiro, Elfos, 1995.

_____. **O sistema dos objetos**. Trad. de Zulmira Ribeiro Tavares. São Paulo: Perspectiva, 1993.

BAUMAN, Z. **44 Cartas do mundo líquido moderno.** Trad. Vera Pereira. Rio de Janeiro: Jorge Zahar, 2011a.

_____. **A arte da vida.** Trad. Carlos Alberto Medeiros. Rio de Janeiro: Jorge Zahar, 2009.

_____. **A ética é possível num mundo de consumidores?** Trad. Alexandre Werneck. Rio de Janeiro: Jorge Zahar, 2011b.

_____. **A liberdade.** Trad. M. F. Gonçalves de Azevedo. Lisboa: Editorial Estampa, 1989.

_____. **A sociedade individualizada:** vidas contadas e histórias vividas. Trad. José Gradel. Rio de Janeiro: Jorge Zahar, 2008c.

_____. **A vida fragmentada**: ensaios sobre a Moral Pós-Moderna. Trad. Miguel Serras Pereira. Lisboa: Relógio D' Água Editores, 1995.

_____. **Amor líquido:** sobre a Fragilidade dos Laços Humanos. Trad. Carlos Alberto Medeiros. Rio de Janeiro: Jorge Zahar, 2004.

_____. **Bauman sobre Bauman**: diálogos com Keith Tester. Trad. Carlos Alberto Medeiros. Rio de Janeiro: Jorge Zahar, 2011d.

_____. **Capitalismo parasitário**: e outros temas contemporâneos. Trad. Eliana Aguiar. Rio de Janeiro: Jorge Zahar, 2010b.

_____. **Comunidade:** a busca por segurança no mundo atual. Trad. Plínio Dentzien. Rio de Janeiro: Jorge Zahar, 2003.

_____. **Confiança e medo na cidade.** Trad. Eliana Aguiar. Rio de Janeiro, Jorge Zahar, 2009.

_____. **Em busca da política.** Trad. Marcus Penchel. Rio de Janeiro: Jorge Zahar, 2000.

_____. **Ética pós-moderna.** Trad. João Rezende Costa. 2. ed. São Paulo: Paulus, 2003b.

_____. **Europa**: uma aventura inacabada. Trad. Carlos Alberto Medeiros. Rio de Janeiro: Jorge Zahar, 2006.

_____. **Globalização:** as consequências humanas. Trad. Marcus Penchel. Rio de Janeiro: Jorge Zahar, 1999b.

_____. **Identidade:** entrevista a Benedetto Vecchi. Trad. Carlos Alberto Medeiros. Rio de Janeiro: Jorge Zahar, 2005a.

_____. **Legisladores e intérpretes:** sobre modernidade, pós-modernidade e intelectuais. Trad. Renato Aguiar. Rio de Janeiro: Jorge Zahar, 2010c.

_____. **Medo líquido.** Trad. Carlos Alberto Medeiros. Rio de Janeiro: Jorge Zahar, 2008.

_____. **Modernidade e ambivalência.** Trad. Marcus Penchel. Rio de Janeiro: Jorge Zahar, 1999a.

_____. **Modernidade e holocausto**. Trad. Marcus Penchel. Rio de Janeiro: Jorge Zahar, 1998.

_____. **Modernidade líquida.** Trad. Plínio Dentzien. Rio de Janeiro: Jorge Zahar, 2001.

_____. **O mal-estar da pós-modernidade.** Trad. Mauro Gama e Claudia Martinelli Gama. Rio de Janeiro: Jorge Zahar, 1998b.

_____. **Ser consumidor numa sociedade de consumo.** [s. l.], [s. d], p. 01-02. Disponível em: < http://www.4shared.com/document/mgf3RHez/ Ser_Consumidor_numa_Sociedade_. htm>. Acesso em: 12 mar. 2012.

_____. **Tempos líquidos.** Trad. Carlos Alberto Medeiros. Rio de Janeiro: Jorge Zahar, 2007a.

_____. **Trabajo, consumismo y nuevos pobres.** Trad. Victoria de los Angeles Boschiroli. Barcelona: Editorial Gedisa, 2000b.

_____. **Vida a crédito**: conversas com Citlali Rovirosa-Madrazo. Trad. Alexandre Wernek. Rio de Janeiro: Jorge Zahar, 2010a.

_____. **Vida em fragmentos.** Trad. Alexandre Werneck. Rio de Janeiro: Jorge Zahar, 2011c.

_____. **Vida líquida**. Trad. Carlos Alberto Medeiros. Rio de Janeiro: Jorge Zahar, 2007b.

_____. **Vidas desperdiçadas.** Trad. Carlos Alberto Medeiros. Rio de Janeiro: Jorge Zahar, 2005b.

_____. **Vidas para consumo**: a transformação das pessoas em mercadoria. Trad. Carlos Alberto Medeiros. Rio de Janeiro: Jorge Zahar, 2008b.

_____. **Ensaios sobre o conceito de cultura.** Trad. Carlos Alberto Medeiros. Rio de Janeiro: Jorge Zahar, 2012.

BENTHAM, J. **O panóptico**. Trad. Tomas Tadeu da Silva. Belo Horizonte: Ed. Autêntica, 2000.

BERMAN, M. **Tudo que é sólido se desmancha no ar.** A aventura da modernidade. Trad. Carlos Felipe Moisés e Ana Maria L. Ioriatti. São Paulo: Companhia das Letras, 1986.

BITENCOURTT, R. N. A estrutura simbólica da vida líquida em Zygmunt Bauman. **Argumentos:** revista de filosofia, Rio de Janeiro, a. 2, n. 4, p. 75-85, [s.m.] 2010.

BOURDIEU, P. Efeitos do Lugar. In: BOURDIEU, P. (Org.) **Miséria do mundo**. Trad. Mateus S. Soares Azevedo et al. Petrópolis: Vozes, 1997.

BURAWOY, M. **A transformação dos regimes fabris no capitalismo avançado.** Revista Brasileira de Ciências Sociais, n. 13, a. 5, jun.1990.

CALDAS, W. **Temas da cultura de massa:** música, futebol, consumo. São Paulo: Editora Arte & Ciência, 2000.

CAMINHA, M. A vida para o consumo: sujeitos como mercadoria. **Revista contracampo.** Niterói, n. 20, p. 205-213, ago. 2009, semestral.

CARNEIRO LEÃO, E. **Os mecanismos da criação original.** v. 1. 5. ed. Petrópolis: Vozes, 2002. Coleção Aprendendo a Pensar.

CASTORIADIS, C. **As encruzilhadas do labirinto IV:** a ascensão da insignificância. Trad. Maria Rosa Boaventura. Rio de Janeiro: Paz e Terra, 2002.

CHESNEAUX, J. **Modernidade-mundo.** Trad. João da Cruz. Petrópolis: Vozes, 1995.

CONTE, C. P.; LOR, E. A.; MARTIGNINI, F. A. **Modernidade líquida:** análise sobre o consumismo e seus impactos na Sociedade da Informação. Disponível em: < www2.oabsp.org.br/.../sociedade_informacao/.../modernidade_liquida.pdf >. Acesso em: 30 jan. 2012.

CORTÊS, M. **Modernidade, assimilação e ambivalência no Brasil**: a construção social da ambivalência na sociedade brasileira contemporânea. Palestra proferida no IX Congresso Internacional da Brazilian Studies Association (BRASA), Tulane University em New Orleans, EUA, 27-29 mar. 2008, p. 1-19. Disponível em: <http://sitemason.vanderbilt.edu/files/fjj7wc/Cortes%20Mariana.doc.>. Acesso em: 20 jan. 2012.

CUGINI, P. Identidade, Afetividade e a Mudanças Relacionais na Modernidade Liquida na Teoria de Zygmunt Bauman. **Diálogos possíveis.** jan./ jun. 2008. p. 159-178. Disponível em: <http://www.fsba.edu.br/dialogospossiveis>. Acesso em: 03 mar. 2012.

EAGLETON, T. **As Ilusões do pós-modernismo.** Trad. Elisabeth Barbosa. Rio de Janeiro: Jorge Zahar, 1998.

FEATHERSTONE, M. **Cultura de consumo e pós-modernismo.** Trad. Renata Ambrósio. São Paulo: Studio Nobel, 1995.

FOUCAULT, M. **História da sexualidade:** A vontade de saber. Trad. Maria Thereza da Costa Albuquerque e J. A. Guilhon Albuquerque. Rio de Janeiro: Graal, 1988, v. 1.

_____. **Vigiar e punir.** Trad. Ligia Pondé Vassalo. Petrópolis: Vozes, 1984.

FREUD, S. **O mal-estar na civilização, novas conferências introdutórias à psicanálise e outros textos.** Trad. Paulo César de Souza. São Paulo: Companhia das Letras, 2010.

FROMM, E. **A arte de amar.** Trad. Eduardo Brandão. São Paulo: Martins Fontes, 2000.

_____. **Análise do homem.** Trad. Octávio Alves Velho. Rio de Janeiro: Jorge Zahar, 1983.

GALLI, M. Viver para o consumo. **Conhecimento prático:** filosofia, São Paulo, v. 1, n. 20, p. 35-43, jun. 2010. ISSN 1984-1388.

GIDDENS, A. **As conseqüências da modernidade.** Trad. Raul Fiker. São Paulo: Editora UNESP, 1991.

_____. **Modernidade e identidade.** Trad. Plínio Dentzien. Rio de Janeiro: Jorge Zahar, 2002.

GOLDMANN, L. **Sociologia do romance.** Trad. Álvaro Cabral. Rio de Janeiro: Ed. Paz e Terra, 1967.

HALL, S. **A identidade cultural na pós-modernidade.** Trad. Tomaz Tadeu da Silva e Guacira Lopes Louro. 10. ed. Rio de Janeiro: DP&A Editora, 1999.

HARVEY, D. **A condição pós-moderna.** Trad. de Adail Ubirajara Sobral e Maria Stela Gonçalves. São Paulo: Loyola, 1992.

HEIDEGGER, M. **Ser e tempo**. Trad. Márcia de Sá Cavalcante Schuback. Petrópolis: Vozes, 2006.

HEILBORN, G. L. J.; LACOMBE, F. J. M. **Administração:** princípios e tendências. São Paulo: Saraiva, 2003.

JAPIASSÚ, H. MARCONDES, D. **Dicionário básico de filosofia.** 4. ed. Rio de Janeiro: Jorge Zahar, 2006.

KANT, Immanuel. O que é Esclarecimento? **Crítica revista de filosofia.** Disponível em: <http://criticanarede.com/html/fil_iluminismo.html>. Acesso em: 23 fev. 2012.

KOTLER, P.. **Marketing para o século XXI:** como conquistar e dominar mercados. São Paulo: Futura, 2002.

LAZZARATO, M. **As revoluções do capitalismo.** Rio de Janeiro: Civilização Brasileira, 2006.

LÉVI-STRAUSS, C. **Tristes trópicos.** Trad. Rosa Freire d'Aguiar. São Paulo: Companhia das Letras, 1996.

LÉVY, P. A. **Inteligência coletiva**: por uma antropologia do ciberespaço. Tradução por Luiz Paulo Rouanet. São Paulo: Loyola, 1998.

LIMA, D. N. O. **Consumo – uma perspectiva antropológica.** Petrópolis: Vozes, 2010.

LIPOVETSKY, G. **A era do vazio:** ensaios sobre o individualismo contemporâneo. Trad. Therezinha Monteiro Deutsch. Barueri: Manole, 2005.

_____. **A Felicidade paradoxal**: ensaio sobre a sociedade de hiperconsumo. Trad. Maria Lucia Machado. São Paulo: Companhia das Letras, 2007.

_____. **O império do efêmero.** Trad. Maria Lúcia Machado. São Paulo: Companhia das Letras, 1989.

LYOTARD, J. F. **O pós-moderno.** Trad. Ricardo Corrêa Barbosa. 3. ed. Rio de Janeiro: José Olympio, 1988.

MAFFESOLI, M. **Elogio da razão sensível.** Tradução de Albert Christophe Migueis Stuckubruck. 2. ed. Petrópolis, Rio de Janeiro: Vozes, 1998.

MARX, K. **Contribuição para a crítica da economia política.** 8. ed. Trad. Maria Helena Barreiro Alves. São Paulo: Edições Mandacaru Ltda., 1989.

MARX, K. & ENGELS, F. **A ideologia alemã.** v. 1. Trad. Luis Cláudio de Castro e Costa. Lisboa: Presença, 1975.

MCCRACKEN, G. **Cultura e Consumo:** novas abordagens ao caráter simbólico dos bens e das atividades de consumo. Rio de Janeiro: Mauad, 2003.

MENESES, I. Pelo fim da anestesia política. **Conhecimento prático:** Filosofia, São Paulo, n. 16, p. 32-40, fev. 2010. ISSN 977-1808-8961-16.

MESQUITA, D. **Shopping center**: a cultura sob controle. Rio de Janeiro: Ágora da Ilha, 2002.

MOCELLIN, A. Simmel e Bauman: modernidade e individualização. **Revista EmTese**, Florianópolis, v. 4, n. 1, p. 101-118, ago./dez. 2007. ISSN 1806-5023.

MONDIN, B. **Curso de filosofia**: os filósofos do Ocidente. v. 3, 5. ed. São Paulo: Paulinas, 1987.

MONTEIRO, K. **Zigmunt Bauman:** "Estamos constantemente correndo atrás. O que ninguém sabe é correndo atrás de quê". O Globo On-Line, 26 abr. 2009. Disponível em: < http://oglobo.globo. com/tecnologia/mat/2009/04/26/zigmunt-bauman-estamos-constantemente-correndo-atras-queningue m-sabecorrendo-atras-de-que-755442068.asp>. Acesso em 18 fev. 2012.

MORIN, E. **Cultura de massas no século XX** – neurose. Trad. Maura Ribeiro Sardinha. v. 1, 9. ed. Rio de Janeiro: Forense Universitária, 1997.

MOULIAN, T. **El consumo me consume.** Santiago (Chile): LOM Ediciones, 1999.

NIETZSCHE, F. **Assim falou Zaratustra:** um livro para todos e para ninguém. Trad. Mário da Silva. 9. ed. Rio de Janeiro: Bertrand Brasil, 1998.

PADILHA, V. **Shopping center**: a catedral das mercadorias. São Paulo: Boitempo, 2006.

PALLARES-BURKE, M. L. G. Entrevista com Zygmunt Bauman. **Revista tempo social - USP**, São Paulo, v. 16, n. 1, jun. 2004. Disponível em: <http:// www.scielo.br/scielo.php?pid=S0103-20702004000100015&script=sci_arttext# cit0>. Acesso em: 11 fev. 2012.

PERES, M. T. M.; TERCI, E. T. Revisitando a modernidade brasileira: nacionalismo e desenvolvimentismo. **Impulso:** revista de ciências sociais e humanas. Piracicaba, Editora UNIMEP, n. 29, v. 12, p. 140-159, 2001. ISSN 0103-7676.

PORCHEDDU, A. Zygmunt Bauman: entrevista sobre a educação. Desafios pedagógicos e modernidade líquida. Trad. Neide Luzia de Rezende e Marcello Bulgarelli. **Espaço plural:** cadernos de pesquisa, [s. l.], v. 39, n. 137, p. 661-684, maio/ago. 2009.

REALE, G. ANTISERI, D. **História da filosofia**: de Nietzsche à escola de Frankfurt. Trad. Ivo Storniolo. v. 6. São Paulo: Paulus, 2006.

_____. **História da Filosofia**: de Freud à atualidade. Trad. Ivo Storniolo. v. 7, 2. ed. São Paulo: Paulus, 2008.

RETONDAR, A. M.. A (re) construção do indivíduo: a sociedade de consumo como "contexto social" de produção de subjetividades. **Sociedade e Estado**, Brasília, v. 23, n. 1, p. 137-160, jan./abr. 2008. Disponível em: <http://www. scielo.br/pdf/se/v23n1/a06v23n1.pdf>. Acesso em: 02 abr. 2012.

RIOS, H.S. O corpo na relação produção-consumo. In: ALMEIDA, D. M. (Org.). **Corpo em ética:** perspectivas de uma educação cidadã. Piracicaba: UNIMEP, 2002.

SARAIVA, K.; VEIGA NETO, A.. Modernidade líquida, capitalismo cognitivo e educação contemporânea. **Revista educação & realidade.** UFRGS - Porto Alegre, v. 34, n. 2, p. 187-202, maio/ ago. 2009.

SANTANA, A. L. Zygmunt Bauman. **InfoEscola**: Biografias, São Paulo, 25 jul. 2009. Disponível em: < http://www.infoescola.com /biografias/zygmunt-bauman/>. Acesso em: 25 jan. 2012.

SARTRE, J. P. **O ser e o nada**: ensaio de ontologia fenomenológica. 7. ed. Trad. Paulo Perdigão. Rio de Janeiro: Vozes, 1997.

SELL, C. E. **Sociologia clássica:** Durkheim, Weber e Marx. Itajaí: Editora Univali, 2006.

SENNETT, R. **A corrosão do caráter**: consequências pessoais do trabalho no novo capitalismo. Trad. Marcos Santarrita. 10. ed. Rio de Janeiro: Record, 2005.

_____. **A cultura do novo capitalismo.** Trad. Clóvis Marques. 2. ed. Rio de Janeiro: Record, 2008.

SILVA, R. B. O individualismo como estratégia de cuidado de si na sociedade de consumo. **Cadernos Zygmunt Bauman.** [s. l.], v. 1, n. 1, p. 20-33, jan. 2011. ISSN 2236-4099. Disponível em: <www.filosofiacapital.org/ojs2.1.1/index.../cadernoszygmuntbauman>. Acesso em: 25 fev. 2012.

SLATER, D. **Cultura do consumo e modernidade.** Trad. Dinah de Abreu Azevedo. São Paulo: Nobel, 2002.

SOUSA, E. L. Transformando corpos em pergaminhos. **Revista ciências humanas.** São Luiz, v. 5, n. 2, p. 55-70, dez. 2007.

VIRILIO, P. **O espaço crítico**. Trad. Paulo Roberto Pires. Rio de Janeiro: Editora 34, 1993.

WEBER, M. **A ética protestante e o espírito do capitalismo.** Trad. M. Irene de Q. F. Szmrecsányi e Tomás J. M. K. Szmrecsányi. 5. ed. São Paulo: Livraria Pioneira Editora, 1987.

WUNDERLICH, A. sociedade de consumo e globalização: abordando a teoria garantista na barbárie. In: CARVALHO, S. & WUNDERLICH, A. (Orgs.). **Diálogos sobre a justiça dialogal**: teses e antíteses sobre os processos de informalização e privatização da justiça enal. Rio de Janeiro: Lumen Juris, 2002.

Printed by Books on Demand GmbH, Norderstedt / Germany